ゲルギエフと波乱のロシア

希望を振る指揮者

小林和男　Kazuo Kobayashi

かまくら春秋社

マエストロの序文

敬愛する読者の皆さん!

ワレリー・ゲルギエフ

音楽愛好家の皆さん、とりわけオペラ、バレエ、シンフォニーといったクラッシック音楽好きの皆さんに一言申し上げる機会を与えられたのは大変嬉しいことです。第一に重要なことは、小林和男さんのこの本が日本とロシアの二つの文化の交流の発展過程を踏まえて書かれていることです。私はこれまで三六年間にわたって非常に多く日本を訪れました。一方小林さんは一九九〇年代初めを含めて長くロシアに駐在していました。

私達は九一年にレニングラードでマリインスキー劇場のオペラ収録のときに出会いました。そのとき日本の放送機関NHKが新しく開発したHi Definition(ハイ・ヴィジョン)のシステムで収録を狙っていました。この言葉は新しく生まれたもので、マリインスキー劇場の舞台が最もふさわしい収録対象だとして選ばれたのでした。私達はいくつかの収録プロジェクトを実現しましたが、その中には歴史的なムソルグスキーのホヴァンシチナやチャイコフスキーの「スペードの女王」も入っています。

言うまでもないことですがこれらのオペラはロシアオペラの伝統を明確に奥深く代表して

いる作品で、世界中に知られています。ＮＨＫの新システムによる収録はその一翼を担ってくれました。その収録は最新の技術の進歩を活用した質的な進歩を体現したものになりました。マリインスキーはこうして自分たちの作品を最新のシステムで収録した世界で最初の劇場になりました。小林さんはこのオペレーションをモスクワから指揮していました。

私と小林さんはそれから頻繁に会うことになりました。九三年に初めて日本を訪問してからほとんど毎年日本を訪れるようになり、私達の出会いは頻繁になり、お互いをますます良く理解しあうようになりました。私にとって最も重要だったのは小林さんが私の故郷、ロシア最南部の北オセチア共和国アラーニャを訪問してくれたことでした。私は幼少年時代五歳から一九歳になるまで北オセチアの首都ウラジカフカースで育ち、音楽と普通の教育を受けました。私にとって幸いだったのは素晴らしい先生たちに出会ったことです。

私は自分を取り囲んでいる世界、コーカサスの野性的な自然に好奇心を掻き立てられる環境に育ちました。それは故郷への特別な誇り、高山の山塊、氷河が溶けて激しい音を立てて流れる急流でした。

すでに一〇歳で私は音楽学校でピアノを学んでいましたが、一五歳の頃素晴らしい先生方のおかげでオーケストラ指揮法のこつが分かるようになりました。これは随分早いスタートでしょう。一五歳で将来の仕事として指揮法を学んだ指揮者は多くないと思います。

小林さんがこの私のちっぽけな故郷ウラジカフカースを訪問してくれたことはとても嬉しいことでした。私達はそこで「コーカサスの世界へ」という音楽祭をやりました。コーカサスは極めて複雑な地域でした。そしてその状況は今も変わりません。たくさんの民族がいて、その状況は多様な文化を持ち、豊かな経済力もあり、豊かな昔からの伝統を守りながら、一つにまとまらず多様性を維持している太平洋地域を思い起こさせます。このコーカサスの多様性こそが私の物心がついてからの暮らしと教育の中で、文化が人をまとめる力を持っているに違いないと気づかせてくれたのです。しかし多様な文化、様々な伝統に信仰、さらに当然ながらいろいろな言語にそれぞれの民族が主張する歴史の評価によって、九〇年代のこの地域の情勢は極めて不安定でした。

小林さんが書いた本は私達の付き合いの個人的な印象だけでなく本当にたくさんの私のコンサートを聴いたことに基づいています。基本的にはそのコンサートはマリインスキー劇場オーケストラのものですが、他にウィーンフィルや、私が首席指揮者をつとめていたロンドンシンフォニー、ロッテルダムフィルなどの公演も含まれています。また私は日本でもいろいろなオーケストラと共演していて、札幌ＰＭＦ音楽祭では芸術監督をもう六年も務めています。したがって私は東京だけではなく日本列島北から南までたくさんの公演の体験をしています。

私はここ数十年の日本での仕事でとてもたくさんの忘れられない印象を持っています。多くの友人ができ、指揮者としての職業的な仕事から得たものだけではなく、日本の伝統と民族的な神秘的なしきたりを知ることが出来ました。これは私にとって心を揺すぶられる贈り物です。例えば日本では良いレストランの入り口では靴を脱ぎますが私も喜んでそうします。

こうしたしきたりは日本の古くからの豊かで奥の深い伝統がいかに大切に継承れているかを物語るもので、若い世代にも引き継がれています。私も仲間とともにこうした不思議な慣習に従い、この素晴らしい国を訪れるのを心待ちにしています。

五年前ウラジオストクにマリインスキー劇場別館がオープンしました。今私達は毎年数回そこで公演していて、日本の友人達もやってきています。こうして私達は日本との関係を続け、私達ロシアの文化の紹介をさらに広めています。

私はいつも日本の友人達との再会を心待ちにしていますが、同時に皆さんもこの著書のページの中から興味あること面白いことを見つけて気に入って下さるだろうと期待しています。

読者の皆さん、ロシアの文化と音楽に興味を持っていただいたことに心から感謝します。ロシアの作曲家は日本で熱烈に好かれていて、チャイコフスキーがそのシンボルになっています。このことは私達音楽家にとって大変嬉しいことであり、マリインスキー劇場の日本公演がコンチェルト、シンフォニーだけでなくオペラやバレエがいつも大人気であることで私達の心は誇りの気持ちで一杯になります。この数十年間日本で非常に多くの私達の公演が行われましたがこれは日ロ両国の文化関係を発展させる素晴らしい見本だと信じています。

この困難な時期に特に皆さんの成功と健康を祈ります。お気をつけて！お会いするのを楽しみに！

二〇二〇年一〇月

希望を振る指揮者　目次

第一章　ソ連崩壊とロシア文化

奇妙な初対面　8
政治や経済の混乱でダメになるものは文化とは言わない　16
栄光の就任と日本公演ドタキャン　22
〝魔法〟をかけられ五年先の約束　29
四年後に日本にかかってきた電話　36
狼狽えていては生き残れない環境　43
戦争ではなく音楽を　50
亡命を誘われたクーデター騒ぎ　57

第二章　人を繋ぐ音楽

若い時の恩返しの人生　66
音楽はナマに限るが記録も残したい　72
ゲルギエフに魅せられた富豪コンテッサ　80
文化の力を信奉する同志　87

第三章　ゲルギエフの魔法

指揮者を目指してはいなかった　98
ＰＭＦ音楽祭・バーンスタイン、ゲルギエフとの奇縁　105
指揮者にして企業家　114
文化力がロシアに効き始めた　121
教育は紅茶のようなもの　127
働けぬが命令はできる　134

第四章　政治は分裂を、音楽は団結を

ゲルギエフをめぐる二人の女性　142
難題でエネルギーが湧く人　150
チャイコフスキー・コンクールとＰＭＦのマリアージュ　156
真夏のシリア砂漠でコンサートをやる心　161
作曲者の意図を読むのが指揮者の仕事　170

第五章　ゲルギエフの世界

テロと地震の鎮魂のチャリティー　176
笑顔の別れ　184
人の繋がりで知る文化の力　192
厄介なチャイコフスキー国際コンクール　201
コンクールと音楽祭に見る心　210
音楽文化芸術への自負　218

ワレリー・A・ゲルギエフ略年譜　229
ロシア連邦地図　230
あとがき　231

希望を振る指揮者

ゲルギエフと波乱のロシア

装丁／中村　聡
大扉画／泊　明

第一章　ソ連崩壊とロシア文化

奇妙な初対面

小学校に入る前病弱だった。入学直前には病気がいくつか重なって助からないと言われていたそうだ。後に知ったその時の病名は人に知られたくないもので、これまで家族にも話していない。ここで初めて告白するのは、その病から解放され生き延びたことが、私の人に接する気持の大元になってきたからだ。

病名は「肺浸潤」に「腸閉塞」。そして、もうひとつが「脳膜炎」。この病気だけは誰にも知られたくなかった。子供の頃、喧嘩で相手に決定的なダメージを与える決め言葉が「お前、脳膜炎！」だった。だから自分が本物の脳膜炎だったなどとはとても口外できない。時が経ち脳膜炎と呼ばれた病気がいったい何だったのかはなはだ不鮮明だったにもかかわらず、ずっと病歴を口に出せなかったのは、子供の喧嘩の後遺症だ。いま脳膜炎などと言う病名は聞かないが、いったいどんな症状だったのだろう。

三つの病気の併発で助からないと言われながら生き延びたのは「奇跡的だった」と親から聞かされた。縁戚に村の名医がいた。村でただひとりの医者だったから住民が頼りにしたことは当然で、ヤブか名医か比較する材料はなかったと思うが、村民からは名医と全幅の信頼を受けていたことは確かだった。どんな時でも様づけで呼ばれ、村の中央の広場には今でも大きな石の顕彰碑が建っている。その名医も一時は諦めかけた私が助かったのは、奇跡的に腸閉塞が治ったからだと聞いたが、それが名医の治療の結果なのか、あるいは誤診だったのか知る術はないが、とにかく命拾いをしたことは子供の時から繰り返し聞かされた。

この命拾いが私の人に接する時の心構えになっている。初対面で感じの良い人もそうでない人も、楽しそうな人もそうでもなさそうな人も、偉そうな人もそうでない人も、印象はさまざまだ。その時に頭に浮かべるのは、生きて人に出会う不思議だ。地球上に七〇億人がいる。寿命が長くなったと言ってもたかだか一〇〇年足らずの短い期間に、七〇億分の一の人に会うのは奇跡的に稀なことだと言えるだろう。自分では律することができない不思議だと思う。会うならば、その出会いをおろそかにしてはならぬ。私が人に会う時の心構えを少し気取って表現すればそんな風になる。

われながら乗せられやすい子供だった。小学校で先生から絵がうまいなどと言われて、その気になって、絵描きになるなどという作文を書いていた。そんな夢が潰れるのに時間はかからなかったが、中学に進んですっかり乗せられた。

担任は大学を出たばかりの演劇青年だった。算数の時間に本の朗読をし、学芸会には異常な情熱を注ぎ、学校や父兄の評判は分かれていたが、生徒にはとにかく面白い先生だった。演劇における演出の極意は演技者をその気にさせることだと思うが、生徒を乗せるのが本当にうまかった。

その先生が言う。「お前の書く物は面白い。新聞記者になれ」。先生が記者の仕事をまっとうに理解していたかどうかは疑わしいが、こちらは乗せられやすい子供だ。本気にその気になって高校生になった。

特派員になって世界に飛び出そう。そのためには大学はどこを選ぶべきかと考えていたときソ連が人工衛星を打ち上げた。ロシア語で「道連れ」を意味する「スプートニク」。これが人工衛星を意味する世界語になったが、フルシチョフという炭坑夫上がりの破天荒な指導者がやったことに世界は仰天した。

これだ！　ロシア語をやれば特派員になれる。乗せられやすさに軽はずみな性格が加わって私の道が決まった。大学でロシア語をかじり、ＮＨＫの記者になって、希望どおりモスクワ特派員に任命された。時の会長前田義徳さんは朝日新聞出身の国際人で、会長室で辞令を渡しながらおっしゃる。「一番若い特派員だ。頑張って来い！」。

頑張りますとも！　乗せられやすい少年の夢が叶ったときの喜びをご想像あれ！

胸を張ってモスクワへ。現地生まれの支局長の幼稚園児が私に言う。「おじちゃんは何で偉いの？」。「お主、小さいのに目が有るな。なんで偉いと思うかね？」という問いに、「だっておじちゃん毎日ネクタイしている！」。

農民と労働者の国だ。ネクタイは偉い人のシンボルだ。かくして私の偉さは根拠を失った。ついでに語学力を評価された。「でもなんで、ちょっとだけロシア語がわかるの？」。ちょっとだけ⁉「だって、おジャガを知らなかったじゃない」。確かに！　大学で習ったのは馬鈴薯という単語だった。

かくして、ちょっとだけのロシア語で特派員を続けることになったが、そのロシア語が偉大な力を発揮することになったのが、本書の主人公ワレリー・ゲルギエフとの出会いだ。時は一九九二年、所はロシア文化の殿堂マリインスキー劇場（当時の名称キーロフ劇場）楽屋裏でのことだ。オペラがはねた後の深夜だ。

私がNHKの支局長としてモスクワに赴任した翌年の一九八五年三月、五四歳のゴルバチョフが世界を二分する一方の大国ソ連の最高指導者として登場した。長い間老人支配で活力を失っていた社会に、原稿の棒読みではなく、笑顔で力強く国民に語りかけるゴルバチョフの政治スタイルは新鮮で、国民に熱狂的に歓迎された。取材する私もゾクゾクするような興奮を覚えた。彼の掲げた政策の柱が「情報公開」と「改革」。情報公開は特派員の仕事を一変させた。外国の記者はスパイだと教え込まれ、警戒していた人たちがいっせいに口を開き始めた。ゴルバチョフ自身も報道陣の前に現れて意識的に外国人特派員の質問を受けるようになった。ゴルバチョフ登場からの一年はロシアが変わり、東西対立の世界に大きな変化が起こるだろうと期待でワクワクした時期だった。

この期待は登場から一年余りで急速にしぼんで行く。一九八六年四月、チェルノブイリの原発事故が起こる。ロシアが事故の発生を認めたのはスウェーデンで感知された異常放射線について問い合わせを受けてからだ。

国営テレビのニュースが事故を初めて報じたのは事故発生から三日後、それもわずか一分足らずの女性アナウンサーの顔出しで「チェルノブイリの原子力発電所で事故があり二人が死亡した。事故は沈静化している」という素っ気ないもの。

翌日の共産党機関新聞「プラウダ」の記事は片隅数行だけ。「プラウダ」は「真実」という意味だ。当時世界で最大の発行部数を誇っていた。ゴルバチョフの情報公開や改革に疑念を抱かせることになったのは、テレビ好きの彼がテレビに登場して事故について触れたのは発生から丸一八日も経ってから。その内容も事故そのものから話をそらし、核軍縮の重要性を訴えるものだった。

情報公開が口先だけのものかと国民が不信を持った転機だったが、それよりも深刻だったのは人々の暮らしだ。国民は改革政策の成果をせっかちに期待する。指導者に魅力的な人物が登場して改革を言い出しても、暮らし向きが急激に良くなるはずもないのは当たり前だが、夢を語るゴルバチョフの前に国民がこぞって幻想を抱いた。期待が幻想だったとわかると国民の気持ちは急速に萎えて行く。

外国はゴルバチョフの対話政策を大歓迎したが、国内では不満と不信が急速に膨らみ、その不満を背景に共産党守旧派と軍、秘密警察が手を組んでクーデターを起す。華々しい登場からわずか五年余りのことだ。クーデターは首謀者にろくな人物がおらず、杜撰な計画だったために失敗に終わり、ゴルバチョフは助け出されて復帰するが、失われた権威を取り戻すことはもう不可能だった。

代わって登場したのは、ゴルバチョフが「知的水準が十分でない」と軽蔑していたエリツィンだ。ウクライナやベラルーシの指導者を抱き込んでソ連を崩壊させ、共産主義のソ連から自由主義市場経済を旨とするロシアを誕生させ指導者におさまる。

いつも酒を飲み、そのアルコールの勢いもあって大言壮語で気まぐれ。致命的だったのは周辺に優れた人材がいなかったことだ。国民の間ではいっそう政治不信が強まった。

中でもロシアの誇る文化に携わる人たちは深刻だった。劇場やオーケストラなど文化活動に対する国の支援は真っ先に削られ、能力のあるアーティストは国外に活路を求めて国を出て行った。一流の国立オーケストラのメンバーが、ロシアにヨガを売りにして布教に進出していたオウム真理教の急ごしらえのオーケストラに、雀の涙のような金で引き抜かれていた。なりふり構っていられない惨めな文化界の姿だった。

そんな時、サンクトペテルブルクに面白い若者がいると聞いたのが一九九一年。なんでもひどく元気が良く、自信を失っている仲間に狼狽えるなと檄を飛ばしていて、言葉だけではなく実際にとんでもないことをやっているという。ゴルバチョフ登場直後にマリインスキー劇場の総裁に団員の選挙で選ばれた人物だと聞いた。その名を「ワレリー・アビサーロヴィッチ・ゲルギエフ」。本書の主人公になる人物だ。

ゲルギエフはその日、ムソルグスキーの大作オペラ「ホヴァンシチナ」の指揮をしていた。モスクワのクレムリン宮殿を背景に朝を迎える朝焼けのシーン〝モスクワ河の夜明け〟で始まるオペラは、燃え盛る火の中で歌いながら死んで行く信心深い人々の大団円の合唱まで三時間十五分の大作、公演時間は四時間をはるかに超える。

興奮を押さえながら楽屋裏でゲルギエフを待った。客席からは拍手鳴り止まず、ゲルギエフは何回も舞台に呼び出され、汗まみれの髪で現れた。大きな迫力のあるギョロ目と私の目が合った。

奇妙な初対面

いきなり「オマエを知っている！」と言うゲルギエフ。「いや初対面です」と返す私。それがゲルギエフとの長い付き合いの始まりだった。

政治や経済の混乱でダメになるものは文化とは言わない

初対面で「オマエを知っている」と言われて驚いたが、正確に言えばゲルギエフが発した言葉は〝オマエ〟ではなかったのではないかと思う。ロシア語で友達同士や目下の者に対して使うオマエ、キミは「トゥイ」と言い、対して目上の人や親しくない人、尊敬する人に対しては「ヴィ」だ。「あなた」という呼びかけに相当する。

無精髭まで汗びっしょりの姿で私と目が合った時、恐らくゲルギエフは外国人で年齢も上の私に「アナタ」と呼びかけたと思う。しかし私が感じたのは〝オマエ〟だ。そう感じるほど彼の大きなギョロ目は親しみが込められていた。

「オマエはゴルバチョフに面白い質問をするやつだ」というのが、私を知っているという理由だった。理由はすぐにわかった。

プロローグでも書いたように、若くして最高指導者になったゴルバチョフの改革政策の柱は情報公開だった。それまですべての情報は共産党によって統制され、都合の悪い情報は排除されていた。ゴルバチョフが権力の座について情報統制を緩め、国民にもっと幅広い情報を伝えようとして情報公開の幅を広げようとした。「グラースナスチ」と呼ばれたが、私はゴルバチョフが街頭で車を止め、集まった人々に笑顔で話しかけたように、もっと平たく気さくにやろうと言うことだったと受け取った。

その結果が記者会見の活用だ。外務省でも他の役所や団体でも頻繁に会見を開き、外国人記者も差別せず質問に答えるようになった。そんな時、私の少しだけのロシア語が役に立った。下手なロシア語で質問する私を喜んで指名してくれたからだ。

ゴルバチョフへの質問では忘れられないことがある。米ソ対話ムードの高まりの中で一九八六年一〇月レーガン大統領とゴルバチョフ書記長の会談が行われた。所はアイスランドの首都レイキャヴィック。人口三〇万の小国で、首都といっても人口は一〇万ほど。なぜここが選ばれたかといえば、単純に距離的にワシントンとモスクワの中間だからだということだったが、世界注目の首脳会談をするような施設はない。しかし熱意は知恵を生み出す。会談場所は海岸に面したフランス総領事邸で行われる事になった。

会談はレーガン政権が打ち出した宇宙兵器開発構想を巡って紛糾した。核攻撃を宇宙で粉砕するため宇宙兵器を配備しようという構想だ。「スターウォーズ」という空想映画が人気を集めて間もなくの時期だ。会談は地上の核軍縮では合意ができたもののこのスターウォーズ構想を巡って対立し決裂した。アメリカ代表団は交渉が不調に終わったとだけ発表し、さっさと米軍基地から帰国してしまった。

ゴルバチョフは記者会見を約束していた。会見場所は高校の講堂、世界から何百人もの報道陣が詰めかけ熱気に溢れていた。私はゴルバチョフの視線のくせを考え、前から四列目の中央に席を取った。アメリカ側の会談決裂の発表を受けてどう質問するか、考えがなかなかまとまらないうちにゴルバチョフが登場した。

顔を真っ赤にして演壇に向かい、まずミルクティーを一口飲んだ。いつものくせだ。気持ちを落ち着かせようとしていることがわかった。ゴルバチョフが短い発表文を読み上げた後会場に目を向けた。視線が合った。私は気合をこめて手をあげた。

「そこの、恐らく日本人！」。ゴルバチョフが私を指名した言葉だ。

「この会談が今後にどう繋がるのか？」。

決裂で終わって欲しくないという気持ちを込めて、とっさに出た質問だったと思う。ゴルバチョフは「決裂ではない。対話の始まりだ」と言った。質問も答えもＮＨＫ始め全世界に中継された。

後でわかったことが二つある。ひとつはアメリカ側がゴルバチョフのこの会見を受けて「決裂」から対話継続という発表に軌道修正をしたこと。もうひとつはレーガンが会談で持ち出した宇宙兵器開発構想は実際に実現を目論んだ計画ではなく、ロシアを混乱させるための偽装工作だったこと。この壮大なウソがわかったのは会談から三二年も経ってからのことである。私たちが知る国際政治の駆け引きの裏には何が隠されているか、わかったものではないという教訓。

脇道の話が長くなったが、こうした会見はソ連国内で繰り返し放送された。当時のソ連国内テレビは全部国営で総合、文化、スポーツの三チャンネルだったが、夜九時のメインのニュース時間になると、このチャンネルすべてが看板のニュース番組に切り替わる。国民は他のものを見ようにも選択の余地はなかった。

その上に国家激変の時である。国民はゴルバチョフの言動に誰しもが関心を持ち、国がいったいどうなって行くのか、この全国一斉ニュースから読み取ろうとしていた。ゲルギエフもそうだったろう。それが彼の〝オマエ〟発言になったと言うわけだ。

こんな出会いが人を近づけないわけがない。初対面なのに「飲んで話そう」と言う。この頃ロシアには外国のビールが入り始めていた。「ネヴァ河の橋をわたった先にその店がある」というゲルギエフの誘いで出かけた。

ハイネッケンの缶ビールがあった。長時間の激しい指揮の後の冷えたビールはさぞかしおいしかったろう。

明け方まで話した初対面の日。1992年10月

勢いよく缶が開いた。私は言った。「経済が大混乱し、人々が自信を失っているなかで、優れた人々の頭脳流出が続いている。こんなことでは、ロシアの誇った文化はダメになるのではないか」と。

これに対してゲルギエフがギョロ目を向けて言う。

「経済や政治の混乱でダメになるものは文化とは言わない。大丈夫だ。ロシアには本物の文化の力がある。ロシアは文化を通じて再生する。見ておれ！」。

彼の言葉には妙に説得力があった。後にわかることだが彼の指揮のもとで演奏したことのある音楽家は一様に、「ゲルギエフはギョロ目で魔法をかける」と言う。私もそんなに生やさしい情勢ではないと思いながら、魔法をかけられたのかもしれない。「この男ならやるのではないか」と感じるようになり質問した。「どうやって⁉」。

そのやり取りに付いては次にお伝えするが、初対面のビール会談は午前四時まで続いた。酒に強くない私もよく飲んだ。

サンクトペテルブルクの中央を流れるネヴァ河には大型船舶の航行のために跳ね橋がかかっている。私たちが出かけた新興のビアレストランは、ゲルギエフの家や私のホテルの対岸にあった。深夜には跳ね橋は跳ね上がったまま、午前四時になると跳ね橋が降りる。それまでは帰りたくても帰れない。

初対面で気持ちが合っただけではない。ネヴァ河の跳ね橋は初対面で四時間もの話し合いの場をつくり、幸運を運んでくれた橋である。

栄光の就任と日本公演ドタキャン

今でこそ世界で引っ張り凧のゲルギエフだが、初めての日本訪問は日本側の招きによるものではなかった。サンクトペテルブルク音楽院の学生だった時、全ソ連指揮者コンクールで優勝し、続いてカラヤン国際指揮者コンクールで最優秀賞の栄冠に輝いていたから、ソ連で注目の指揮者ではあったが、日本での知名度はまったくなかった。

その彼が日本にやってくることになったのは日本とソ連の間で音楽家の交流を深めようという気運が高まり、作曲家の芥川也寸志さんらの音頭で日ソ音楽家協会が設立されたからだ。冷戦時代の象徴的な出来事、ロシアのアフガニスタンへの軍事介入を巡って日本やアメリカがボイコットしたモスクワ・オリンピックから四年後の一九八四年一〇月のことだ。

設立を記念してソ連音楽家同盟議長のフレンニコフが日本にやってきた。連れて来たのがゲルギエフだった。まだ三一歳、世界的にはまったく知られていない指揮者の卵だった。

ソ連時代のロシアにおいて「同盟」の名前がつく団体は多数あったがそれは共産党の方針に一〇〇パーセント忠実だという証明だった。音楽家同盟、画家同盟、作家同盟，ジャーナリスト同盟などなど、同盟に名を連ねることができれば活動を保証される。しかしその一方で、活動は共産党の方針に逆らうことはできなかった。例えば、どんなに素晴らしい絵を描いても同盟員でなければ展覧会への出品はおろか販売することもできず、どんなによい曲をつくっても演奏して評価をしてもらうことはできなかった。

〝何とか同盟〟の名称は即共産党のお墨付き、お上への威光と無批判を意味した。推察がつくように、同盟のリーダーが優れた画家や作曲家であるということにはならない。権力におもねる人物であることが多かったと言って間違いないだろう。

ゲルギエフをつれてきた音楽家同盟議長のフレンニコフは、ピアニストで作曲家でもあり、指揮もした。日ソ音楽家協会設立を祝う記念コンサートで東京交響楽団を指揮し自分が作曲したピアノ協奏曲を演奏した。〝同盟〟の縛りがなくなったいま、ロシアでもフレンニコフの作品が演奏されることはない。音楽家としてよりも政治的な嗅覚と権力欲の強い共産主義体制が生んだ人物で、スターリン時代の一九四八年、作曲家同盟総会で書記長としてショスタコーヴィチとプロコフィエフを「形式主義者」と批判したことで音楽関係者のみならず広く記憶されている。

皮肉と言おうか歴史のいたずらと言おうか、彼の功績はゲルギエフを日本に連れて来たことだろう。そのお陰で音楽エージェントのジャパン・アーツがゲルギエフのマネージメントをすることになった。ジャパン・アーツは宝の山を手に入れたことになる。

ジャパン・アーツのマネージメントでゲルギエフが最初に仕事を託されて日本にやって来たのは、二年後の一九八六年夏。いまは「マリインスキー」と革命前の名称になっている「キーロフ・バレエ」の指揮だ。

確かに指揮の仕事ではあったが、二か月にまたがる公演で彼に任された指揮は、神奈川県民ホールの公演での歌劇「検察官」の二回だけ。ゲルギエフには相当に役不足だったらしく、ジャパン・アーツの役員や担当者に「交響曲を指揮する機会をつくって欲しい」と繰り返し訴えたという。

翌年、日本フィルハーモニー交響楽団との共演で訪日した。この時の主役は若い天才とはやされたピアノのキーシンとヴァイオリンのレーピンだったが、ゲルギエフにも一回だけチャンスが巡ってきた。ある公演の前半でキーシンのピアノ協奏曲のタクトを振った後、チャイコフスキーの交響曲五番を指揮することができた。これもゲルギエフの強い要望で組まれたプログラムだった。

ゲルギエフは「チャンスは前髪で掴め」とよく言う。彼が好きなロシアの諺だ。チャイコフスキー五番で幸運の前髪を捕まえたかに思えた出来事があった。この曲のリハーサルに、当時日本フィルの音楽監督だった渡辺暁雄さんが立ち会っていた。後に日本フィル音楽監督の後任の問題が起った時、渡辺さんはゲルギエフを強く推薦したという。ゲルギエフの指揮ぶりがよほど印象に残っていたのだろう。

日本フィルの音楽監督は実現しなかったが、そんな出会いがあって一九八八年に日本フィルとゲルギエフの間で、翌年に日本で四週間にわたり六回の公演をする大ツアーの契約が成立した。ゲルギエフの長年の夢が実現することになった。

四年の年月をかけてゲルギエフが幸運の前髪を掴んだかに見えたが、幸運の女神はそう単純に事を運ばせるものではないらしい。あれほど熱望したオーケストラの指揮ツアーをドタキャンしなければならなくなったのだ。

日本公演の数ヶ月前、彼はマリインスキー劇場の芸術監督になったのだ。「ロシア文化の殿堂」との形容がつくロシアの誇りの象徴的な劇場のリーダーに三五歳の若者が選ばれたのだ。団員の選挙によるものだというところに画期的な意味がある。

前任者の名指揮者テミルカーノフは働き盛りの五〇歳を前にして、一一年間務めたマリインスキー劇場を去り、サンクトペテルブルク・フィルハーモニー交響楽団の音楽監督・首席指揮者に転じた。マリインスキー劇場を去ったとはいえ、巨匠の名称で呼ばれてきた人物の後任に選出されたゲルギエフには相当の重圧だったろう。その重圧が日本公演ドタキャンとなった。

ゲルギエフはこの就任でやるべきことが多く、「日本公演を諦めざるを得ない」と連絡して来た。通告を受けた日本フィルは激怒した。そもそもゲルギエフが懇願して実現した日本公演だ。

仲介をしたジャパン・アーツの関田正幸社長（現取締役会長）は、ただちにサンクトペテルブルクに駆けつけ、公演の契約を守るよう説得した。しかしゲルギエフは「マリインスキー劇場でいまやらなければならないことが山ほどある。許して欲しい」と言うばかり。関田社長はロシアにおけるマリインスキー劇場の重みもわかっているが、ゲルギエフがマリインスキーにかける情熱も心情もよくわかった。板挟みになってこんなに困惑したことはないと当時を振り返る。

日本フィルの怒りは収まらない。問題を公にして、日本の聴衆をバカにしたゲルギエフは永久に日本入国を拒否されるべきだという議論にまでなった。

結局ゲルギエフはやって来なかった。彼の民族はオセット人と呼ばれ六〇万人ほどの少数民族だが、家族のつながりと義理人情と信義に極めて重い価値を置いていることで知られている。そのゲルギエフが日本に不義理をしなければならなかったほど、マリインスキー劇場のリーダーとしての出発の仕事は重要だった。

結果を言えば、そのことが世界的評価を得ている今日のゲルギエフをつくった。そのやり方はゲルギエフの手法を知るのには格好のものだから、別項で紹介するが、この不義理の後の日本フィルとゲルギエフの関係はどうなったか？

ドタキャンから七年後の一九九六年、ゲルギエフはマリインスキー・オペラを率いて一か月の日本公演にやってきた。演目は「カルメン」「オテロ」「マクベス」に「カテリーナ・イズマイロヴァ」という意欲的なものだ。

この時のゲルギエフは、もはやマリインスキー劇場の若造指揮者ではなくなっていた。ミュンヘンではムソルグスキーのオペラ「ボリス・ゴドノフ」でうるさいドイツ人を唸らせ、サンフランシスコではプロコフィエフのオペラ「戦争と平和」を指揮してアメリカ・デビューで大成功を収めていた。この訪日の前年にはオランダのロッテルダム・フィルの首席指揮者に就任し、翌年にはニューヨーク・メトロポリタン歌劇場の首席客員指揮者にも抜擢された。名実ともに音楽界のライジング・スターになっていた。

「カルメン」「オテロ」「マクベス」「カテリーナ・イズマイロヴァ」という大作四演目の公演だけでも大変な重圧だ。だが、この時ゲルギエフはドタキャンのお詫びの提案をする。オペラ歌手たちと日本フィルとの共演でリヒャルト・シュトラウスのオペラ「サロメ」を演奏会形式でやろうと。この頃のゲルギエフはドタキャンした時のゲルギエフではない。世界中が注目し、日本でもN響を初めとするオーケストラが共演を熱望していた。その中でゲルギエフは日本フィルを選び、結果は大評判になった。ゲルギエフのお詫び公演の大成功で日本フィルも大喜び、両者のわだかまりは完全に雲散霧消してしまった。この話はゲルギエフの心根と音楽の持つ力を知る私の好きなエピソードだ。

〝魔法〟をかけられ五年先の約束

ネヴァ河の跳ね橋のお陰で、将来の巨匠と明け方まで話す機会に恵まれたのは幸運としか言いようがない。この時の熱い語り合いが、今日まで四半世紀にわたる巨匠との付き合いの出発点になっている。この若い音楽家に、マリインスキー劇場のリーダーに選ばれた時の気持ちを尋ねると、彼はこんな話をした。

「ゴルバチョフの登場でロシア人はみんな民主主義に期待と夢を描いていたが、民主主義がどんなものかについてはまったくわかっていなかった。みんなが漠然と新しい時代がやってくると夢を見ていた。しかし実際には国全体が苦しい試練の時だった。文化関係者にとっては、以前のようにひとつのオペラをつくるにも共産党の統制を受けなくてもよくなってはいたが、まだ共産党全盛時代のさまざまなしきたりが残っていた」。

劇場のあるレニングラード州は、モスクワとともにロシアの政治経済の中心地だから、州の共産党指導者はソ連でナンバー2の権力者だった。ゴルバチョフが登場するまでは一〇年以上ロマノフという人物がその座にいた。

ロマノフと聞けば誰もが三〇〇年ロシアを支配した王朝の家系を思い浮かべるだろうが、彼は皇帝一族とはまったく関係なかった。しかし振舞いは皇帝気取りで、親族の宴席でエルミタージュ美術館秘蔵の食器を使って壊してしまうといった、あきれ果てた男だった。彼は一九八五年にゴルバチョフと書記長の座を争い敗れて引退させられ、いまは誰も話題にもしない。

代わって、若いソロビヨフという人物がレニングラード州第一書記になった。彼は文化にも関心を持っていたらしい。ソロビヨフ本人というよりも、側近に芸術文化の大切さをわかっている人物がいて、「ゲルギエフという若い男がマリインスキー劇場のリーダーに選ばれた」ことを報告したうえで、会うように勧めたらしい。

何しろ〝人民芸術家〟とか〝功労芸術家〟といった大物がうようよいる劇場で団員の八五パーセントの支持を得て選ばれたのだから、いったい何が起っているのか気になるのは当然だろう。

ゲルギエフはソロビヨフ第一書記から執務室に招かれた。ロマノフの時代だったら呼び出しを受けたことになるのだが、もう呼び出しではなく〝招待〟されたのだ。時代は確実に変化していた。場所はスモールヌイ宮殿。エカチェリーナ女帝が女子教育のために女子学習院をつくった建物。共産革命でも大きな役割を果たした宮殿だ。

執務室に入ると、当の第一書記はチラと目を向けただけですぐにまた執務を始めた。しばらくして「ゲルギエフはどうした！」と声を上げた。ゲルギエフがあまりに若かったから、まさかロシア文化の殿堂を率いるポストに選ばれた者だとは思わなかったのだろう。部屋に入って来た部下が「この人がゲルギエフです」と言うと、第一書記は「こんなに若いのか！」とすっかり驚いていた。「実際、僕は当時健康そのもので、本当に少年のように若かったからね」とゲルギエフは回想する。

ソロビヨフは開口一番「そんなに若いのに何をするつもりかね？」と聞いた。ゲルギエフは考えていることを次から次へと説明した。

「チャイコフスキーはこれまでずいぶんやっているので、これからはムソルグスキーやプロコフィエフ、ショスタコーヴィチを多くやります。モーツアルトやシュトラウスも十分な準備をして手がけます」。

そんなふうに何人もの大作曲家の名前を出したので、第一書記は少し呆れたように言った。

「その仕事を全部うまくやることができると考えているのかね？」。

寄らば大樹の陰の風潮が蔓延して何事も冒険をしない体質が染み込んだ社会で、自分がやろうとしていることがどれだけ波風を巻き起こすものなのかゲルギエフ自身も十分にわかっていた。だから第一書記の疑問も無理もないことだと思って、こんな風に説明した。

「私はトラブルを起こそうなどとは、まったく考えてはいません。できるだけ多くのよい仕事がしたいのです。仕事に没頭している時にトラブルを引き起こしている暇なんかありません。誰も劇場から放り出そうなどとは思いませんし、混乱や分裂を引き起こすつもりはありません」。

そんな彼の言葉に第一書記は興味を示したが「たぶん僕の言うことには半信半疑だったと思うよ」とゲルギエフは言う。

音楽家の世界はライバル意識と嫉妬が渦巻いている。歌手でも指揮者でも自分のライバルとなる者とは話もしない。劇場ではすべての同僚が競争相手なのだ。バレエダンサーも言うまでもなく、他の仲間との関係はぎくしゃくしている。そんな魑魅魍魎の世界で多くの仕事を短期間でやり遂げようとしたら、「混乱や分裂」が起こらないはずがない。

「では、具体的に何をしたのか?」と私はゲルギエフに聞いた。その答えに彼の手法を知る鍵があった。彼は第一書記に説明したように多くの企画を立てて仕事をつくった。それまで仕事がないとブツブツ不平を漏らしていた団員たちが、今度は「仕事が多過ぎる」と言い出した。「公演までに準備が間に合わない」と。

「準備期間はそれまでのやり方に馴れた古手の人たちには異常に短かったと思う。案の定できないというものが出てきた。〝人民〟とか〝功労〟とかの名誉の称号を持った大物歌手たちだ。僕はこう伝えた。『とにかく準備してください。もし間に合わないなら、他の人に代わって歌ってもらいます』と」。

自信を持ってそう言えたのは、まだ学生だったがとても有能な歌い手に目をつけていたからだ。彼女にはすべてを投げ打って「ホヴァンシチナの主役をマスターするように」と伝えた。彼女は「そんなことはとても不可能だ」と尻込みした。〝人民芸術家〟などの称号を持つ三人の大物歌手がいて、誰もが主役には当然その中のひとりが選ばれるだろうと思っていたからだ。ゲルギエフは「彼女たちのことは考えるな。きみならできる！　稽古に集中せよ」と説得した。彼女の能力には確信があった。

リハーサルの当日、予想したように大物歌手から「準備が間に合わない」との声が上がった、ゲルギエフは「日を改めてリハーサルをする。その時には主役は若い人にも歌ってもらう」と告げた。

改めて行われたリハーサルで、学生歌手が見事に歌いきった。全員が驚きの声をあげ、衝撃を受けた。古参の大物歌手たちに「それまでの経歴に安住していられない」という緊張感が生まれた。その学生歌手の名前はオリガ・ボロジナ、いまや世界的な大スターだ。

この話を聞きながら、〝若造〟指揮者が認められて行く過程に思いが行った。ゲルギエフは、そのことについても二つの印象的なことを語った。

ひとつは予想どおり若さを理由にした批判だ。「ゲルギエフは若くて経験がないから、劇場のやり方を無視して矢継ぎ早に仕事を入れる」というもの。これに対しては、ゲルギエフが体力に恵まれ、普通では考えられない量の仕事をこなし、オペラを作って外国に売り込み、新しい音楽祭を成功させるなど、次々に成果を上げたことで、〝若造〟批判は消えたという。その体力・気力がどうして育まれたかは、後に彼の故郷を訪問して知ることになる。

もうひとつは民族の問題だ。ゲルギエフの出身は前にも書いたようにロシアの南部山岳地帯のオセチアだ。「少数民族のオセチアの人間にはロシア音楽はわからない」という悪口だ。ロシアには一〇〇以上の民族が暮らしていて、ふだんはほとんど民族差別の問題は表面化しない。私の長いロシア暮らしの体験でも、通りでアジア人の私が白人のロシア人から道を尋ねられるといったことは日常茶飯事で、民族の違和感はない。

しかし、何か困難や問題が起こった時にどうしても顔を出すのが民族の差別感だ。ゲルギエフのように南部コーカサスの民族には「チョールヌイ」と言う蔑称がつく。〝黒ちゃん〟という意味だ。ゲルギエフもそんな陰口を耳にしたかもしれない。就任直後の積極的な劇場改革で、ともすればとげとげしくなりかねない空気の中で、ゲルギエフを心から支えてくれたのが劇場のオーケストラ団員たちだったと言う。

「マリインスキーのリーダー就任から二年間が勝負だった。もしこの時期に成果をあげられなかったら、いまはなかったろう」と語るゲルギエフの話を聞きながら、私はすっかりゲルギエフの心意気に魅せられ、そして提案した。

「五年後に、私がＮＨＫであなたのドキュメンタリー番組をつくる！」。

これが四時間あまりビールを飲みながらの初対面の会話の締めくくりだった。放送の世界を少しでも知っている人なら、私をとんでもない法螺吹きだというだろう。私だってそう思う。長尺のドキュメンタリーを作るには入念なリサーチの上に、組織の中で多くの関係者を納得させる企画書を通さなければならない。ＮＨＫでの体験から言えば、たくさんの企画提案の中から実際に制作のゴーサインが出るのはわずかだ。初対面の男と酒を飲みながら五年後の約束をするなどとんでもないことだ。そのとんでもないことを実現した話は後でお伝えする。

オーケストラの人たちは「ゲルギエフの指揮で魔法にかけられる」と言うが、私も初対面で魔法をかけられたようなものだ。ジャーナリストの仕事はいろいろな人に会って話を聞き、冷静な判断をして伝えることだ。

初対面から四年後、彼のドキュメンタリー番組をつくった時には、ゲルギエフはもう世界中から前とはまったく違った評価を受ける人物になっていた。いま考えても、五年先の約束をしたのは冷静とは言いがたいが、少なくともゲルギエフの将来像について私は、間違った見通しはしなかったと心から誇りに思っている。

四年後に日本にかかってきた電話

初対面からの数年間はロシアの激変に振り回された時期だった。共産主義社会建設を放棄したロシアでは、多くの人々が自信を失い、将来に不安を感じていた。

経済は混乱し、商店からは品物が消え、その結果かつての超大国が外国からの施しに飛びつくような有様だった。自信と誇りを失った社会では治安が悪化する。他人への思いやりは消え、自分のためならなんでもするという風潮が広がり、殺人事件も頻発した。人口一億四〇〇〇万ほどの国で殺人事件は年間四万を超えていた。人口がロシアよりすこし少ない日本で、その頃の殺人が一〇〇〇件を少し超える程度だったことを考えると、いかに荒んだ社会だったかがわかっていただけるだろう。

人々が社会全体のことに思いをいたさない世の中では政治の腐敗と汚職がはびこる。国有財産の払い下げや、通貨の切り下げなどの国家の大事の時に、政治家と結びついた少数の人物が国の富を独占していった。気象台の一技官だった人物が、数年のうちにロシアの富の半分を支配するといった嘘のような話が現実に起こっていた。

そんな激動の社会を伝えるために、大げさではなく寝る時間も削られる日々が続いていた。仕事の達成感がある一方で、私の仕事は〝人の不幸で飯を食う〟ことかと時折、嫌悪感を覚えることもあったほどだ。

その中で「ロシアは文化を通じて再生する」というゲルギエフの予言は、いつも頭の隅にあった。そういった目で見ると、確かに劇場やコンサートホールは休みなく開いていて、食品の調達にも苦労しているに違いない人々が、その会場にいつもつめかけていた。ボリショイ劇場やモスクワ芸術座といった外国にも名の知れた劇場ホールだけではなく、モスクワには五〇を超える劇場や音楽ホールがある。そこに集まる人の数は半端ではない。

私が驚いたのは詩の朗読会が多かったことだ。自作の詩を舞台で披露するだけの、何の演出も舞台装置もない朗読会だが、有名な詩人が登場する時には入場できないほどの人が集まっていた。おなかを空かせても詩の鑑賞かと驚いた。そんな様子も見ていたから、ゲルギエフの予言は当たるかもしれないと思わないではなかったが、それでも政治経済の混乱ぶりをみていると、半信半疑だった。

ゲルギエフとの初対面から三年後の一九九五年、私は三度目六年間の最後のモスクワ勤務を終えて帰国した。一九七〇年に初めてロシアに派遣され、それから三年間のウィーン駐在を含めて都合一四年あまりの海外特派員生活が終わって、もう海外には派遣されない年齢になっていた。

波乱のロシア勤務とは打って変わって余裕のある生活で、本を書きNHKの仕事をやり、講演でロシアの知られざる姿を話して楽しんでいたが、ゲルギエフとの付き合いは絶えることはなかった。

ロシアの近代化は三〇〇年余り前、ピョートル大帝がオランダを模範にして行われたが、オランダで音楽活動をして大人気になっていたゲルギエフに会いに行ったこともあるし、ニューヨークでメトロポリタンオペラ首席客員指揮者として活躍していた彼と会って話し込んだこともある。

彼が日本公演にやってきた時には、川崎のわが家にもやってきてじっくり話をした。キノコのマリネがいたく気に入って家内を大いに喜ばせた。さらにゲルギエフが喜んだのは、ロシア語を理解するわが家の愛犬だ。私が初めてゲルギエフに会った後モスクワで生まれたゴールデンリトリーバーで日本語とロシア語がわかり、ゲルギエフの横のソファーに座ってじっと耳を傾けている風情はなんともおかしかった。

その頃のゲルギエフはかなりのヘビースモーカーだったが、わが家は禁煙、タバコに火をつけようとする彼に向かって「外で吸ってくれ」という私に、随行のジャパン・アーツの職

ロシア語を理解する我が家の愛犬と。2000年1月小林宅

員が驚いていた。彼はもう天下の〝ゲルギエフ様〟だったからだ。

話題が政治や社会のことになるといつも話が長くなる。私に音楽の素養がないことを知っているからだけではなく、彼の関心は広く社会全般に及ぶからだ。日本の政治家や話題の経済人などの名前もよく知っていて、質問も具体的だった。ゲルギエフが世界情勢に心を配って活動していることは後にも紹介するが、そんな関心の片鱗がわが家での語らいにも感じることができた。

一九九六年の初秋、ゲルギエフから自宅に電話がかかってきた。「一〇月に故郷のオセチアに行くから来ないか」という誘いだ。いきさつはこうだ。彼は音楽の市場開拓に熱心で、中国に早くから関心を見せていたが、ようやく条件が整って一〇月にオーケストラを伴って北京と上海に行って公演を行う。その帰路にオセチアに寄って母校の音楽学校訪問や凱旋公演をするというのだ。彼の番組を作るという約束を実現するにはまたとないチャンスだ。即答で「行く」と約束した。

ＮＨＫで通常の提案と番組制作の過程を無視した私の取材企画に、私とロシア報道の重要な場面で一緒に働いたことのある衛星放送局長が即決で乗ってくれた。レイキャヴィックのレーガン・ゴルバチョフ会談の後で、私がゴルバチョフに質問したときの衛星中継映像をしっかり生で受け取って放送してくれたディレクターだ。嬉しかったのはピカイチの有能なディレクターをチームに入れ、応援の姿勢をはっきりみせてくれたことだ。

ゲルギエフの故郷は正式名称を「北オセチア・アラニア共和国」と言う。人口は七〇万あまり、ちょうど新潟県ほどの面積でロシアを構成する八五の共和国や地方の中で最も小さい。北オセチアはモスクワから南へ一七〇〇キロ。成田からモスクワまで一〇時間のフライトの後、ローカル便に乗り継いでさらに三時間の旅だ。

首都はウラジカフカース。「カフカース（コーカサス）を支配する」という威勢の良いネーミングだが、ソ連時代には民族も宗教も違う地方をまとめるため、モスクワの中央政府からそれなりの経済的支援が送られていたが、その政府自体が貧して支援どころではなくなり、オセチアももろに影響を受けていた。目立った産業もなく、羊の放牧とトウモロコシの収穫だけが細々と行われている、なんとも意気の上がらない所だ。

原っぱの中に滑走路と粗末な建物があるだけの空港だったが、ゲルギエフとそのオーケストラ団員を乗せたアエロフロートのチャーター機を迎えるのは、国賓並みで共和国大統領と民族衣装を着た娘さんたち。その中で目立ったのはゲルギエフの従兄弟など親類縁者。大統領のザソーホフさんはゴルバチョフ政権で国際関係を担当していたので、私もよく知っている温和なインテリ。従兄弟など親戚の人たちは、いかにも山国で暮らす逞しさを感じさせる風貌と振る舞いだが、親類縁者が重要な意味を持つことは後で知ることになる。

私はそんな人たちと談笑しながら到着を待った。折からウラジカフカースは〝お婆さんの夏〟と呼ばれる晩秋の小春日和。工場も稼働せず車の排気ガスもなく山の澄んだ空気の中にチャーター機が到着した。タラップを降りてきたゲルギエフを大統領が抱擁で歓迎し、彼は民族衣装の娘さんたちが差し出す歓迎のパンを一口食べる。ロシア式の歓迎行事だ。

タラップの下には大統領差し回しの車が待機していた。「チャイカ」(かもめ)という愛称を持つ国産の高級車は要人だけが乗ることを許されていた車だが、リッター三キロしか走らないというロシア経済の非効率性を象徴するような代物だった。内部は広く後部座席には四人が座れる。歓迎セレモニーを終えて出発という時に、ゲルギエフは私に「一緒に乗れ」という。オセチアの要人が控えている中で、私が割り込むのには躊躇したが、話したいという彼の気持ちが伝わって来て嬉しく申し出を受け入れた。

町へ向かう間中、といっても半時間足らずだが、彼は「故郷の自然によって危機に強い性格が育まれた」と言い、「それがどういうことかは翌日見せてやる」と言う。興味をそそられ、翌日からの取材に意欲をかきたてられる誘い方だ。先に希望を抱かせるゲルギエフの手法はこんなところにも感じられた。

取材仲間は、〝若いが敏腕〟との評価を得ているNHKディレクター、モスクワ支局で働いたことのある元ソ連国営テレビの名カメラマン、モスクワ支局長時代に文字通り右腕として活躍してくれたロシア人アシスタントの女性、そして私。みんながゲルギエフの言葉に乗せられて、翌日の取材がどんなものになるのか想像を膨らませて語り合うウラジカフカースの第一夜となった。

世界で超一流のマエストロを育てた自然というのは、いったいどういうものだろう?

狼狽えていては生き残れない環境

ゲルギエフの故郷での朝は爽やかだった。ドキュメンタリーではテーマの舞台の環境がどんなところかをまず見せるのが常道だ。ゲルギエフと会う前にその一仕事をするためホテルの屋上に上った。町の俯瞰ショットを撮影するためだ。カメラマンが三脚を据え撮影を始めたところに警察官がやってきた。撮影をやめろという。

撮影の趣旨を簡単に説明し、ご当地出身の世界的指揮者の番組を作っていて大統領も賛成していることだと伝えたが、若い警官は「スパイ活動ではないか！」と言う。私にはこの警察官の言う意味がピンときた。共産主義時代のロシアでは映像取材は規制だらけだった。空港や駅、軍事施設などが撮影禁止だったのはもちろんだが、規制の極め付きは高い建物からの俯瞰ショット。単なる禁止ではなく厳禁だった。その時代を知っているから警官が私たちにスパイ活動の嫌疑をかける理由もわかる。警察まで来いという警官の言葉に助手の女性が緊張しているのが分かった。警察に行って説明すれば分かってもらえる話だが、それでは肝心のゲルギエフの取材を逃してしまう。もうそんな撮影禁止などモスクワでは消えて無くなっていたが、片田舎のオセチアではまだ外国人は全てスパイと思えという教えが残っていたのだとわかった。やっかいなことになったと先の取材の心配が頭をよぎった。

警官が言う。「スパイだろう。お前はロシア語がわかっている！」。とっさの閃きで私が答えた。思い切り楽しそうな顔で。

「スパイがロシア語を話せないワケがありましょうや!!」

自らスパイであることを認めたのだ。心配を身体全体で見せていた女性助手がこれを聞いてワハッと吹き出して笑った。それを見て警官も笑い出し、警察への連行もなし、取材の成功まで祈ってもらってしまった。ロシアの暮らしに笑いが欠かせないことは長年のモスクワ暮らしで身に沁みていた。その体験がとっさに生きて、面倒を避けることができたというわけだ。警官の見送りまで受けて、いい気分でゲルギエフと待ち合わせのホテルに向かった。小さな町でどうやらみんな親戚縁者のようなものらしい。町随一というホテルも住宅に毛の生えたようなささやかなもので、そのホテルの経営者もゲルギエフの親戚だという。

ゲルギエフは親類縁者を引き連れて現れた。山へ行こうと言う。今日は故郷での凱旋公演の日だ。「会場ではないのか？」と言う私を例のチャイカに同乗させて出発した。走り出してすぐに道路の舗装は切れる。川に沿って走ると急激に道路は悪くなる。谷が迫ってきてついに車体の低い政府公用の高級車は走れなくなる。四輪駆動のパジェロに乗り換えさらに谷

オセチアの子供の頃の遊び場でNHKの取材を受けるゲルギエフ。1996年10月

川沿いの石だらけの道を進む。頭の上に崖がのしかかってくる。エンジンの音以外は人工的な音がまったく聞こえない世界だ。出発してから小一時間、道が行き止まりになったところが目的地だった。四方から天を衝く岩山が迫り、空は狭い。ゲルギエフは谷川に降りて手で水をすくって飲み、小さな木の実を取って口に入れながら話し出した。

「子供の頃こんなところが遊び場だった。山の天気は急変する。晴れていた空が雲に覆われ土砂降りの嵐になる。山は時として人間を飲み込む。山で暮らすには危険に対処する力が必要だ。のほほんと暮らしていては生き残れない。危険は人間を鍛えてくれる。野生動物が危険を察知するように。そんなところで狼狽えていては助からない。危機の時どう対処すべきかの判断力を養ってくれたのは、こんな自然環境だった」。そんな話から故郷と故郷の人々、そして家族のことを話した。ゲルギエフの生き方を知るのに欠かせない話だから、その時の録音を元に忠実にお伝えしよう。

「生まれはモスクワだが物心ついてからオセチアで育った。オセチアは良い意味で一〇〇パーセント保守的な社会で、血縁関係を重視し家族のつながりをとても大切にする。両親は忙しいからと言って子供を勝手に放っておくことはない。家庭では父親が絶対的な存在だ。

僕が一四歳の時に父親が四七歳の若さで亡くなった。私にとって大変な試練だった。というのは『家庭で中心になって采配を振るうのは男』というのがオセチア社会の決まりだったからだ。『男のいない家は家ではない』とさえ言われ、家のかまどの火を絶やさないようにする番人が男だった。父が亡くなったことは家族にとって悲劇だったが、僕は心から父親が好きだったので突然目の前で爆発が起こったかのようで何が何だか分からなかった。父親が生前に僕に言った最後の言葉は『お前やせすぎだな』だった。あんな悲しみを味わったことはない。あんなに辛かったこともない。

しかしその悲劇が僕を育ててくれた。一四歳の子供が家の中心になり、地域で一家を代表しなければならないのだから安閑としてはいられない。そのおかげであの頃の僕は年齢よりもずっと大人っぽく見えていただろうと思う。姉妹と母を守らなければならない男の気持ちを分かってくれるだろうか。母は強い人で文字通り夜も昼もなく働き続け、僕たちが教育を受け一人前の人間に育つよう頑張ってくれた。母にとっては最も苦しかった時だと思う。母には感謝しきれない」。

ゲルギエフは電話を離さない。楽屋でも移動の時にも、電話で連絡をとっている。ロシア語、英語に混じって、時折まったくわからない言葉で話しているときがある。お母さんのタマーラさんへの電話だ。

山間の小さな町で育った彼がどうして音楽の道に入ったのか。「音楽との接点はいつ?」という問いに彼はこんなことを言った。

「僕たちの家庭はいつも音楽が耳に入ってくるような環境だった。母親はオセチアでも一番奥の峡谷で、外からの人もほとんど訪れないような所の出身で音楽教育は受けていないが、アコーディオンのような民族楽器バイヤンを家で弾いていた。僕はその演奏に合わせて歌い踊っていた。三~四歳のころの記憶だから、その演奏は子供の脳には大きな影響があったと思う。音楽の道を志したのは自然のことだった。姉も妹も音楽に関係している。今でも僕は母がそのころ弾いていたオセチアの民族音楽をよく聴いている。子供の頃の音楽はとても大切だ。重要なことはエモーションと結びついた音感だ。絶対音感と言われるが、音程がよく認識できない段階で体系的な教育をすれば音感を養成することはできる。そうした教育システムもあるが、その音感が機械やロボット、エレクトロニクスのような、情緒を伴わない音感を育てていることがままある。ラとソを聞き分けることができるだけの音感だ。本当に有能な人の音感は、その音符がどのように音楽のキャラクターと結びついているか認識できるほど鋭いものだ。人が悲しい歌を歌っているとき、楽しい歌を歌っているとき、踊りの歌を歌っているとき、あるいは新しい歌を聞いているとき、エモーションと結びついた音感がとても大切だ」。

お母さんの影響から音感の話に発展した。「さればそのような音感を育てるのはどうすればいいのか?」との私の質問に彼の答えは意外だった。

「それは人間的な関係だ。僕は家でメロディーを識別することを覚えた。アだけでは言葉ではない。アリガトウと続けて言葉になり、自分の言うことを相手が理解してくれる。その音のつながりがメロディーだ。僕は家でそのことを理解した。学校に上がる前に家庭で音楽の体系が開かれていた。両親を始め家族全員の生活様式が子供の音感を育てるような環境だったと思う。だから多くの人が立派な音楽家になる可能性を持っている。家庭の中がゴタゴタしていて、ヒステリックな雰囲気がみなぎっていれば、子供の音感は失われてゆく」。

音感の話から指揮者の資質の話題になった。彼の話には面白い展開がある。

「指揮者にとっては人間関係が特に重要だ。指揮はたくさんの人を相手にする仕事だから仮に僕に才能があるとしても、もしヒステリックな人間であればみんなは良い仕事はしてくれない。求められるのはリーダーの資質、リーダーにふさわしい人間でなければならないということだ。リーダーは人々を組織して行かなければならない。急に嵐に見舞われるような自然環境で育ったことも、家庭に家族を大切にする人間関係の良い雰囲気があったことも今の僕に影響したと思う」。

深い谷川の奥での話はつきることがなかった。凱旋公演の時間は迫ってくる。促されて車に乗り込み、演奏会場に向かった。コンサートホールはない。映画館が会場だ。会場に向かう車中でもマエストロの話は続く。彼が故郷の人たちにどんなメッセージを伝えにやってきたのか。そのメッセージが彼の心からの叫びであることを次にお伝えしようと思う。

戦争ではなく音楽を

標高二〇〇〇メートルの谷川の奥からウラジカフカースの町に降りて行く車中でも、故郷について語るゲルギエフの話は止まらなかった。「困難な時期でも決して悲観的にならない。そんな情熱的な性格もコーカサスの山の影響か?」と水を向ける私に、「人間は困難に打ち勝つために生まれてくるように思う。欠かせないのは情熱だ。情熱さえ失わなければ多くのことを成し遂げられると思う」と言う。

「ぼけっとしていては生き残れない」と彼が言う厳しいコーカサスの山岳地帯の全体像をざっと見ておこう。コーカサスとは欧米の呼び方で、ロシア語ではカフカースと言う。東のカスピ海、西の黒海に挟まれたくびれのようなところに東西に延びて南北を分けるコーカサス山脈がそびえている。文字どおりヨーロッパとアジアにまたがる山脈で、ヨーロッパ部分にあるエルブルズ山は五六四二メートルでヨーロッパ・アルプスのモンブランよりも八〇〇メートル以上高い。アジア部分の最高峰はカズベック山でこれも五〇三三メートルを超える氷河の山だ。

この山脈を取り巻く国はロシア、ジョージア（旧名グルジア）、アルメニアにアゼルバイジャンの四か国。ジョージアはワイン発祥の地、アルメニアは四世紀にキリスト教を世界で初めて国の宗教と決めた国、そしてカスピ海に面したアゼルバイジャンは石油の国で、国民の大多数がイスラム教徒だ。

複雑な山岳の地形に複数の国が入り組み、宗教もバラバラな民族が雑居しているのがコーカサス地方で、ゲルギエフの故郷はアジア部分の最高峰カズベック山の北側の麓に貼りついたところだ。

こうしてざっと概観しただけで、そこに住む人々が平和に共存するのは大変だろうと想像できるが、ソ連時代にはいずれもがソビエト連邦に属する共和国で、中央の統制でなんとか共存をしてきた。宗教が違い、民族が異なり、おまけに歴史的に攻めたり攻められたりの過去を持っているから、その人たちが殺し合いもせずに曲がりなりにも共存していたのは、ロシアの支配下にあったとはいえソ連邦の果たした功績だったろう。

その共存を崩したのがゴルバチョフの登場だ。ゴルバチョフの政策の柱は言論の自由と改革だったが、この政策が掲げられるとともにそれまで抑えられていた束縛が一気に解き放たれ、その結果が民族紛争の続発だ。ゲルギエフの故郷の隣接地帯でも激しい争いが起こった。チェチェン紛争もそのひとつだ。

第二次大戦の最中、独裁者スターリンはチェチェン人がナチス・ドイツの協力者になるのではないかと恐れ、チェチェン人を残らず家畜輸送の貨物列車でシベリアに強制移住させた。その数六〇万、そのうち一割以上が死亡したと言われる過酷な強制移住だった。一九五三年スターリンが死んでフルシチョフ政権になり、チェチェン人はコーカサスに帰ることを許されたが、恨みは根深かったろう。

イスラムの世界では「受けた辱めを忘れてはならない」という教えが染みついている。武力を使ってもロシアからの独立を図ったのは恨みの強さを物語っている。紛争と呼ばれてはいるが独立を求めて立ち上がったチェチェン人に対して、ロシアのエリツィン政権は武力で抑える道を選び内戦へと発展した。

積年の抑圧から解放されようというチェチェン人の意思は固く、ロシアは正規軍を投入して空と陸から攻撃した。チェチェンの軍事力はロシアに比べれば雲泥の差で、ロシアは簡単にチェチェン人の抵抗を抑えられると計算したらしいが、ゴルバチョフの改革政策で軍備費が削られていた上に、軍への軽視から軍人の士気は乱れていて、一気に制圧どころかロシア軍は苦戦を強いられていた。士気の乱れの中でロシア軍兵士が武器を敵のチェチェン軍に売り渡すシーンがカメラに捕らえられ、ＮＨＫで放送されて世界に伝えられたこともある。

一九九四年から二年にわたった戦争で、ロシア側は一万を超える犠牲者を出して撤退した。

チェチェンだけではなく、争いはコーカサスで頻発し、犠牲者は一〇万を超え一〇〇万人の難民が出ていた。私たちが取材に訪れたのはその直後のこと。この戦いで難民となった五万もの人たちがゲルギエフの故郷にも押しかけていた。

彼が「故郷で凱旋公演をやるから来ないか」と電話で誘ってきたのに対して、私が「行く」と即答した時、ゲルギエフの頭をよぎったのは「治安は大丈夫だろうか」という心配だったと後から聞いた。チェチェン戦争はひとまず収まってはいたが、不安な情勢はくすぶっていた。

ゲルギエフの故郷に関連してこんなことを書いたのは、彼の人生観が戦争と深く関わっているからだ。好きな父親を亡くしたのも戦争で受けた傷が元だったし、故郷付近の戦争が収まった後でも、故国第二の町ベスランでイスラムのテロリストに入学式の日の学校が襲われ、子供に父兄、先生合わせて四〇〇人が殺される悲劇にも見舞われている。戦争だけは避けなければいけない。そのために音楽も貢献しなければならないというのが彼の活動の精神的支柱になっているのは、争いが人々をいかに不幸にするかを身近に見ているからだ。

遠い回り道をして、車は町の中央にある映画館に着いた。すでに多くの人たちが詰めかけていたが圧倒的に若者が多い。公演の前に公開リハーサルをやるのだという。映画館は設備も古く、世界のマエストロを迎えるには不似合いな会場だったが、壇上に立ったゲルギエフは「オーケストラの演奏には理想的とは言えないが、負けないよう頑張る」と笑わせ、楽団員の前に立った。

公開リハーサルで選んだ曲はスクリャービンの「法悦の詩」(エクスタシー)。複雑な音が絡み合う難曲だ。「スクリャービンが表現したエクスタシーは、ウォッカ二杯を飲んで感じる喜びではないぞ! もっと精神的に高みにある喜びだ」などと楽団員の前夜の行状を承知した上で笑わせながら音をつくってゆく。

リハーサルが終わると、若者たちに「楽団員を捕まえてなんでも質問して吸収するように」と言う。ゲルギエフの実演と話術が楽しくて分かりやすく、若者たちの目と身体が嬉しがっている。彼の言葉に若者たちはすぐに反応し、舞台に上がってそれぞれが狙いの楽器の奏者に質問を浴びせる。ゲルギエフにも質問が飛んでいた。若者をその気にさせるゲルギエフの魔法だ。

公開リハーサルの後は本番の演奏会。ブラームスの交響曲四番で始まった。本番になると、彼のギョロ目は自分の心の中を見つめるような目つきになる。全身から指の先まで、大胆にそして繊細に動かしてオーケストラを引っ張ってゆく。楽章が進むにつれて汗が噴き出す。私が腕を見込んで国営放送から引き抜いて支局のカメラマンになったヴァロージャが飛び散る汗の粒を見事に押さえてくれた。

最後の指揮を終えて力を抜き、左手の指先で額の髪をかき上げる。彼が演奏に満足したときの癖だ。その頃はまだ残っていた髪はもうほとんど無いが、この動作は変わらない。観客はいっせいに立ち上がって拍手。ヴァロージャのカメラは涙を拭く人、涙も拭かずに拍手する感動の姿も見逃さなかった。花束を受け取りゲルギエフがマイクに向かった。

「懐かしく美しい故郷で皆さんに聴いていただいて本当にうれしい。このすぐ近くでも戦争がありました。ですから私は武器を持ってきました。音楽という武器です！」

拍手はいっそう大きくなり、彼の音楽と言葉が故郷の人々の胸に浸み込んだことがひしと伝わってきた。

演奏会の翌日、彼が学んだ音楽学校の歓迎式典に臨んだ。学校は創立六〇周年の式典をこの日に合わせていた。ゲルギエフは八歳の時、母親の勧めで音楽学校を受験した。結果は不合格。「試験はばからしいほど簡単だった」とゲルギエフは言うが、不合格になったのはどうやら試験官に付け届けをしなかったからではないかと言う。

ゲルギエフが八歳と言えば一九六一年。ナチス・ドイツとの戦いの荒廃から復興が進んでいたとはいえ生活は豊かではなく、子供の入試にも贈り物がものを言っていたのかもしれないと彼は言う。お母さんが奔走してコネを探し、その結果補欠入学となり一八歳までピアノを学んだ。

田舎という言葉がぴったりのロシアで一番小さな山間の地方の学校の卒業生が、世界的な人物になって帰ってきたのだ。歓迎の熱気と興奮は見ていて胸にこみ上げるものがあった。

校長先生が母校の誇りを称えて歓迎した。ゲルギエフの入学試験の担当者だったそうだ。不合格で補欠入学だったなどという話はない。「すばらしく優秀で誇りの学生だった」と褒め上げる歓迎の言葉にゲルギエフは感謝し、こんなことを言った。

「新しい世の中になって混乱が起こり、学校や美術館、図書館にも前のように支援が来なくなってきている。故郷で争いが起こっているのは悲しい。だから私は皆さんに贈り物を持ってきた。新しい楽器と音楽です！」。

演奏会でも母校でも、彼が願うのは平和だった。争いの起こっている土地で聞く平和という言葉は、平和の中で暮らしている私たちが聞き流す〝平和〟とは重みが違う。

初対面でつくると約束して四年後に実現させたドキュメンタリーのタイトルがすんなり頭に浮かんだ。「戦争ではなく音楽を」。サブタイトルは「ゲルギエフ故郷で語る」だ。

この訪問でゲルギエフは天から大変な贈り物を受け取った。この音楽学校の女子学生ナターシャさんとの出会いだ。お母さんが演奏していた民族楽器バイヤンを学んでいた。彼女は一七歳、ゲルギエフ四五歳。二人のことは次に書こう。

亡命を誘われたクーデター騒ぎ

一九九一年八月、ゴルバチョフ大統領に対するクーデターが起こった。副大統領を筆頭に共産党保守派に軍部が中心になって、黒海沿岸の保養地ファロースの大統領別荘で夏休みをとっていたゴルバチョフを政権の座から引きずり降ろそうとした事件だ。

クーデター派はまずゴルバチョフに辞任を要求したが拒否された。そこで別荘の通信回線を遮断して幽閉し、国民には病気を理由に大統領が辞任したことにしようと目論んだ。ゴルバチョフの人気は低落していたとは言え、国民の間にゴルバチョフ以前の束縛された社会に戻ることへの反発は強く、クーデター派が出動させた戦車に対して市民はバリケードを築いて抵抗の姿勢を見せた。

クーデター派は内外の記者も招いて大統領引きずり下ろしの正当性を訴えもしたが、この会見で主役を演じたヤナーエフ副大統領がアルコールの影響で手が震え発言も要領を得ない体たらくで、国民の支持を得るにはほど遠く、クーデター騒ぎは発生から三日後にはゴルバチョフが救出されてモスクワに復帰して終わった。

この騒ぎは、元はといえばゴルバチョフが保身のために保守派と妥協して改革政策を支えてきた人たちを退け、ヤナーエフのような人望も能力もない人物を登用したことに起因するが、その話はここでの本題ではない。

伝えたいのは、その時のゲルギエフの態度だ。この時ゲルギエフがマリインスキーのリーダーになって三年目、劇場の大改革が軌道に乗り、前の年にはオペラのロンドン公演を成功させた。劇場運営に自信を深めた彼は海外での公演売り込みを精力的に始めていた時期だった。クーデター発生の日、ゲルギエフはイギリスのバーミンガムでまさにその売り込みをやっていた。

クーデター発生とほとんど時間をおかずアメリカのプロモーターから電話が入った。電話の主は有無を言わせぬ強い口調で「すぐにアメリカに飛んで来い。危険だ、アメリカへの亡命を準備しろ」と言ったという。これに対してゲルギエフは即答した。「私には家族がある。ロシアには母も姉妹もいる。アメリカには行かないし、亡命もしない！」。

この発言はゲルギエフ自身からも直接聞いたし、彼に亡命を勧めたアメリカのプロモーターにも確かめたことだ。この時ゲルギエフは三八歳の独身。将来の伴侶となる女性にもまだ会ってない。その女性と始めて知り合ったのがそれから五年後、故郷オセチアの音楽学生で民族楽器「バイヤン」を学んでいたナターシャだ。

ロシアの民法では成人年齢は一八歳、通常正式に結婚できる女性の年齢も一八歳と定められている。ゲルギエフの周りには彼との結婚を願う女性がいた。リハーサル風景を見ていると、オーケストラの団員の中にも彼に好意を寄せる女性がいることがわかった。その人がゲルギエフに向ける目から、もう好きでたまらないという気持ちがはっきり見て取れた。ロシア人の魅力的なヴァイオリニストだった。しかしゲルギエフは結婚しなかった。ナターシャと知り合って彼女が成人になるまで一年待って、故郷で結婚式を挙げた。

ずいぶん私的なことを書いていると思われるだろうが、クーデターという国家の危機に際して発した言葉に、ゲルギエフの心の内を知る手掛かりがある。亡命を勧めるアメリカのプロモーターに彼はもうひとつ付け加えている。「私にはマリインスキー劇場がある！」。これについては後に触れることにして、まず家族について書こう。

彼がナターシャさんと結婚した理由のひとつは、彼女がオセチア人だったことだ。家族間でゲルギエフの伴侶の候補について話が出た時、母親のタマーラさんが「その人とは家ではどんな言葉で話すの？　ロシア語？」とつぶやいたと言う。オセチアの田舎で育った最愛の息子が大成功し、ロシアの大都市に住んで華やかな人々に囲まれるようになっても、家族で親密に話す時にはオセチアの言葉であってほしかったということだろう。ゲルギエフがオセチア女性を選んだのはお母さんの気持ちを汲んでのことだったと思う。「母にはどんな

オセチア人について私に語るゲルギエフ。1996年10月サンクトペテルブルクの自宅にて

に感謝しても感謝しきれない」というゲルギエフの心情の表れだ。後に私がサンクトペテルブルクのお宅に招かれた時、お母さんが　肉と野菜を三重がさねに挟んだ郷土自慢のパンケーキをご馳走してくださった。食事の間ナターシャ夫人がバイヤンで郷土の曲を演奏するのを見るお母さんはとても満足そうだった。

結婚して一年目、長男が生まれた。「アビサール」と名付けられた。ゲルギエフのフルネームは「ワレリー・アビサーロヴィッチ・ゲルギエフ」という。「ワレリー」が名前、次の名前は父称と言い、お父さんの名前を継承するミドルネームで「アビサールの息子」を意味する。最後がファミリーネームだ。長男には祖父の「アビサール」をつけた。フルネームは「アビサール・ワレリーエヴィッチ（ワレリーの息子の）・ゲルギエフ」。続いて生まれた次男には自分の名前をつけた。「ワレリー・ワレリーエヴィッチ」。そして続いて恵まれた女の子にはゲルギエフのお母さんの名前をもらって「タマーラ」と命名した。名前の付け方にもオセチアの伝統を守っている。

ゲルギエフに亡命を促すアメリカのプロモーターに「私にはマリインスキーがある」と言った言葉ほど彼の情熱を表した表現はないと思う。若くしてマリインスキーのリーダーに選ばれ、誰もが信じなかったような改革案をぶち上げ、ややもすると〝若造が〟〝田舎者が〟と陰口を叩かれながらも実績をあげ、皆が心を合わせるようになってゲルギエフの改革は確実に実を結び始めていた。

クーデター騒ぎの一九九一年はプロコフィエフの生誕一〇〇周年にあたり、彼はプロコフィエフの作品に集中していた。オペラ「戦争と平和」「炎の天使」「賭博師」、それに「三つのオレンジへの恋」の制作がその中心だった。

仕事の多さとスピードに戸惑っていた歌手やオーケストラのメンバーも次第に慣れてきていた。そんな時に起こったクーデター騒ぎで、ロシア社会は数か月の間ざわついたが、「マリインスキーの団員は音楽芸術の持つ力と重要性を信じるようになっていたから、大きな動揺はなかった」とゲルギエフは言う。

クーデター騒ぎを一応乗り切ったゴルバチョフだったが、幽閉から助け出されてモスクワに帰った彼は、モスクワ市民二〇万人が参加した歓迎の集会に顔も出さなかった。歓迎集会を取り仕切ったのが、ゴルバチョフの嫌うエリツィンだったことが不参加の理由ではないかとささやかれたが、曲がりなりにも生還を歓迎する人々の集会に顔も出さず、感謝のメッセージを寄せることもなかったゴルバチョフは国民の信頼を急速に失い、四か月後の暮には辞任に追い込まれ、ここに七四年間続いた共産党独裁政権は崩壊し自由主義のロシアとして出直すことになる。

国の体制が変わるという大変化は、当然マリインスキーの団員の心にも影響したはずだが、その時にゲルギエフが飛ばした檄が効果を発揮する。「狼狽えないでおこう！　文化には力がある。音楽を磨こう。磨けばきっと世界が買いに来る。今こそ力をつける時だ！」

幸いだったのは、ゲルギエフがマリインスキー劇場のリーダーに選出されて三年、その間に彼が実績を上げて団員の心をつかんでいたことだ。同じ時期、マリインスキーと並んでロシア文化の殿堂と称されたモスクワのボリショイ劇場には、ゲルギエフがいなかった。信頼できるリーダーに欠けたボリショイ劇場は、団員の対立から殺人事件まで起こり長く混乱の悲劇を味わうことになった。

ロシアの政権がゲルギエフに信頼を寄せ、オリンピックの開会式でも、サッカー・ワールドカップロシア大会のオープニングコンサートでもゲルギエフを頼りにしたのは、彼のリーダーとしての力量を見てのことである。

第二章　人を繋ぐ音楽

若い時の恩返しの人生

一九七七年一〇月、ベルリンで行われたカラヤン国際指揮者コンクールでゲルギエフが栄冠に輝いた。二四歳の若さで、その名が世界に知られた瞬間だった。

このコンクールに先立つ半年前、レニングラード音楽院（現サンクトペテルブルク音楽院）指揮科の学生だったゲルギエフは、全ソ連指揮者コンクールに参加した。指揮科のムーヒン教授を始めピアノ科の教授などが彼を高く評価してくれて参加できたのだが、参加者の中にはすでに指揮者として活躍中の三七歳の人物もいて、ゲルギエフは結果にはあまり期待はしていなかったと言う。

しかし終わってみれば優勝。彼が世界に羽ばたく出発点だった。ゲルギエフはこの成果に自分でも驚いたが、もっとびっくりしたのは国際コンクールでも格の高いカラヤン国際指揮者コンクールにソ連を代表して参加することがわかった時だ。

当時のソ連は国際とか世界といった肩書きのつくイベントには恐ろしく神経質だった。次の時代は共産主義が支配する世界にしなければならないとの意気込みが国全体を覆っていた。

世界初の人工衛星スプートニクの打ち上げ、世界初の人間の宇宙飛行、世界初の女性宇宙飛行士誕生、世界初の原子力発電所等々。ソ連の共産主義体制が人類の将来を担うものだと世界に喧伝することに邁進していた。

そのために自由な言論は抑圧され、共産主義イデオロギーに疑問を挟むものは排除され、外の世界からの物質的な豊かさや自由な暮らしの情報は一般の人々には届かず、共産主義万歳の意気込みの裏にはひどく窮屈な暮らしがあった。だが、外国からの情報から隔離された人々がそうしたいびつな社会の側面に気がついていなかったかと言えばそうではない。「わが国のものは何でも世界一だ。この腕時計だってそうだ。世界一速く進む!」などと人々は自虐的に笑い、闇市では旅行者の持ち込むＳＥＩＫＯの時計やシームレスストッキングが法外な値段で売られていた。

そんなギャップがあったから、ソ連は世界とか国際といった名称が付くものに対しては国の威信がかかっているという強い意識があった。名にし負うカラヤン国際指揮者コンクールへのゲルギエフの派遣は国を挙げての決断だった。

ことにヨーロッパでは、ロシアは文化的に遅れた国だとの認識が一般的で、共産主義政権はそのイメージ払拭に腐心していたから、天下のカラヤン・コンクール参加は国を挙げての大事だった。ゲルギエフは突然派遣を知らされたが、それはレニングラード音楽院だけではなくソ連文化省、そして最終的には共産党中央のお墨付きをもらって決定されたものだ。もちろんゲルギエフにはその筋のお目付役が付いての派遣だったろう。

ソ連からもうひとり、アメリカ二〇人、日本一五人、ドイツ、フランス、イギリス、イタリアからの参加者合わせて八〇人近い大コンクールだった。

結果を言えばゲルギエフは最優秀賞の栄冠に輝いた。受賞者にはお披露目のコンサートでベルリンフィルを振るという栄誉が待っている。そのリハーサルでのカラヤンとのやりとりをゲルギエフは細部に至るまで記憶している。

曲はチャイコフスキーの交響曲第6番悲愴。ゲルギエフのスコアをカラヤンがじっと観察していた。ゲルギエフはスコアにいろいろな書き込みをしていた。

「僕のスコアはジャーナリストの君のメモ帳みたいなものだ。例えばチャイコフスキーの曲にオーボエと書いて、イタリア語でエスプレッシブとメモし、さらに演奏の仕方としてはｍａｋｉｎｇ ｊｏｋｅという風に、いつも何か工夫するようにしていた。それぞれの楽器にイメージが湧くので、それぞれの楽器のパートでたくさんの書き込みをしていた。」

カラヤンはそのメモをじっと見ていたが、ひとつのところで質問をした。それはゲルギエフが尊敬していたロシアの指揮者ムラヴィンスキーのやり方を真似たオーケストレーションについての書き込みだった。原曲に手をいれたメモに「これはなぜか?」と問うカラヤンに、ゲルギエフが「ムラヴィンスキーに真似たものだ」と伝えるとカラヤンは「すると君はレニングラード出身か? ムラヴィンスキーは素晴らしい指揮者だ。だが、この部分は元に戻した方が良い」と助言したと言う。

リハーサルの時カラヤンはヴィオラの席に座って聴いていた。第三楽章の指揮でゲルギエフはいつもならムラヴィンスキーにならって速めのテンポで進めるのだが、オーケストラは天下のベルリンフィルだ。ベルリンフィル伝統の重厚な演奏をしなければという気持ちで、いつもより少しだけゆっくり目に振った。するとカラヤンが演奏を止めた。「もう少しテンポを速く」とやり直させたと言う。ゲルギエフの曲の解釈を認めてくれたのだ。

リハーサルが終わってカラヤンがゲルギエフに近づき軽く足を蹴って「指揮者はまっすぐに立て。足をぶらぶら動かすものではない!」と注意したと言う。

すべてが終わった後カラヤンが言った言葉をゲルギエフは忘れない。

「君の音にはサウンドがある。響きがインテンシブで引き締まっている」と。

とても嬉しかったとゲルギエフは顔をほころばせた。「テンポをどうコントロールしたらいいかも教えてくれた。『公園を散歩している時でも指揮者はメトロノームを使っているようにテンポをコントロールできる』と、彼のやり方を説明してくれた。ロシアに行ったことはないが、レニングラードは偉大な街だとも言った。何もかも胸に焼き付いている」。

こんな若い時の体験を詳しく語りながら、カラヤンからの親身な助言や、栄光のコンクールに彼を派遣することを決めてくれたサンクトペテルブルク音楽院の恩師など、若い頃に受けた恩に報いるのが彼の人生だと言う。カラヤンや恩師たちにいまはもうお返しをすることはできない。その代わり若い時に自分が受けた恩を若い人たちに返してゆくことが役目だと言う。

「若い時に受けた恩恵の借金を返済するのが僕の人生だ！」

ゲルギエフが若い音楽家の養成に力を注いでいる背景にはいかにしていまの自分があるかとの思いがある。明るく話すゲルギエフの言葉は胸に温かく納まる。

もうひとつ世界のゲルギエフの出発点になったカラヤン・コンクールについて、ゲルギエフの生き方の一端をのぞかせるエピソードがある。カラヤン・コンクールに参加するに当たって参加予定者全員に細かな注意があった。所持金はいくら、参加費はいくらといった項目に混じって、参加者は全員フロックコートを持参することとの一項があった。最終審査と入賞者コンサートで着用が義務付けられていた。ゲルギエフは持っていない。

最終審査に残るはずがないと思ったわけではない。その時には「どうにかなる」と考えてベルリンに出かけ、結果として最終審査に残ってしまった。他の参加者は全員衣装を持参していた。どうにかしなければならない。

紹介を受けて貸衣装店に急いだ。コートズボンにシャツにチョッキにネクタイ、借用料はしめて七〇〇マルク。ゲルギエフは「そんな大金は見たこともなかった。気の遠くなるような金額だった」と言うが、とにかくこの貸衣装で二四歳の若造が天下のベルリンフィルを振った。フロックコートを着た最初の体験だった。

この話をしながらゲルギエフが「実は僕は縁起担ぎだ」と言う。「もしフロックコートを持参したとすると、最終選考に残るつもりだということになる。でも『勝負の前に勝つと言ってしまってはいけない』というのが、僕の信じている迷信だ。あの時もしフロックコートを持参していたら入賞しなかったのではないかな。アッハッハ」。

お金がないこと、物がないことを、あたかも自分の信条に取り込んでしまったかのように笑い飛ばしてしまう逞しさは、わがマエストロの尽きない魅力だ。

音楽はナマに限るが記録も残したい

私には良いコンサートとそうでないコンサートの分かれ目がはっきりしている。実にいい加減で申し訳ないのだが、私にとって良い音とはおなかが空く音である。素晴らしい音楽会に出会った後は、財布の中身も考えずに良い酒を飲み、それに見合った食事をしたくなる。われながら音楽の価値を判断するのに、まことにもって邪道というか動物的というか、まともな音楽ファンからは顰蹙を買う態度だと思う。

私がホームシアターをつくった時、注文をつけたのはただひとつ、オペラを見ながらワインを美味しく飲めるようなものをということだった。後でわかったことだが、この注文に担当の技術者は相当に悩まされたらしい。ワインが美味しくなる音とはどうしたら良いのだろうかと。

コンサートを聴いて豊かになった気持ちで食事をしている時いつも思うことがある。あの私を満足させ、酒を美味しく飲ませてくれた音は消えてしまった。心の中には残っているのだが、あの音をもう一度聴きたいと思った時にいつでも聴けたら良いのに。生の音楽会は消えてしまう一回限りのものだから良いのであって、だからこそ会場に足を運ぶ意味もあるのだと理屈ではわかるけれども、そのまま再現されたら何と素晴らしいではないか。

そんなことを考えていた時に知り合ったのが音響の専門誌『ステレオサウンド』の原田勲社長だった。サウンドの超一級の専門家であると同時にワインと料理に詳しく、ワイン専門誌『ワイン王国』を創刊した方でもある。恐いもの知らずとはこういうことを言う。私はこの専門家に怠け者の私の願いを話してしまった。コンサート会場での素晴らしいサウンドがそのまま再現できれば、いつでも美味しい食事ができることになるではないかと。

その上に私にはもうひとつ気になっていることがあった。音をつくる人の気持である。恐らく指揮者も演奏家も音が消えることを前提に毎回力を尽くしているだろう。それが生の演奏会の緊張感を生んでいるのだろう。そうは言っても音楽家は自分の音が消えてしまうことを残念に思っていないのか？　自分の音を永遠に保存したいと思ってはいないのか？　ＣＤだってＤＶＤだってあるではないかと思ってみても、音をつくるアーティストたちが今の技術に満足しているのだろうか？　もっと自分のサウンドを生かす技術が誕生することを期待しているのではないか？　音楽家に心の内を聞いてみたいという話になった。

「並みの音楽家では意味がない。超一級の人に聞いてみたらそれは面白い。いったい誰に？」と原田さんは言う。そこで私の頭に浮かんだのがゲルギエフだった。「ゲルギエフだったらどうか?」という私に、「それは素晴らしいが、まず難しいでしょう」とおっしゃる。ゲルギエフが世界中で引っ張り凧になっている音楽界の事情をよくご存じだからだ。

ここで少しロシアのメンタリティーを説明する必要があるだろう。ロシアでは、人と人とのつながりがあらゆる場面で大きな役割を果たす。このつながりはロシア語でズナコームストヴァと言い、英語に訳すとコネクションになるのだが、良い意味でも悪い意味でも、このつながりがものを言う世界だ。悪くするとエリツィン政権の時代のように、政商たちが酔っ払いの大統領と家族に食い込み、途方もない腐敗した方法で大金持ちになるといったことも起こるのだが、そういう汚い話だけではなく、ロシア版コネは美しい人間関係でも欠かせないものだ。ズナコームストヴァの深層を理解せずしてロシアは分からない。

そしてゲルギエフがどんな音で自分の作品を聴いているのか、どんなシステムで自分のつくった音を残そうとしているのか、それを直に彼から聞き出そうという私たちのアイディアの実現にも、私とのズナコームストヴァがものを言った。

会って音の保存の話をしたいという私に、彼は五月の二週間を指定し、その間はロシアにいるからじっくり話そうと言う。自宅も新しいところに移ったから、そこにも来てくれとの誘いだ。私と原田さんにソニーのオーディオ専門家でわが家のホームシアターの設計者・森芳夫さんの三人で二〇〇二年、春が訪れたロシアに出かけた。

ゲルギエフはロシアにいるとは言ったが、恐ろしく詰まったスケジュールをこなしていた。五月一日はメーデー、九日は対ナチス戦勝記念日、そのうえ七日はプーチン大統領就任二周年記念日、おまけにこの年はロシア正教の復活祭が重なって、なんと一三連休の豪華さだ。ゲルギエフはこの時に合わせてモスクワで初めての音楽祭を企画し、モスクワ音楽院ホールや戦勝記念広場での屋外コンサートをこなしていた。

ゲルギエフの自宅があるサンクトペテルブルクでは、マリインスキー劇場で新演出のオペラ「ボリス・ゴドノフ」の初演を控えていた。すでにある作品をまったく新しい演出と舞台でやろうというのである。歌い手には彼が育てた若手を起用し、舞台は抽象化し、エレクトロニクスを駆使した照明で、人の心の動きを表現しようと言う試みである。当然のことながら、若手の指導にも新舞台の動きにも手がかかる。

劇場には彼のもとで働きたいという若者たちが押しかけていた。丸一日をフルに使って新人のオーディションをやり、深夜にはレコーディングの仕事が待っていた。並みの体力気力だけでこなせるスケジュールではない。彼自身の言葉を借りれば、〝見えぬ手によって与えられたもの〟で動いているとしか考えられない労働量だ。

家に来てくれと言ってはいたが、このスケジュールで本当に実現するだろうか。原田さんはゲルギエフが走り回っている様子を知って、「小林さんは安請け合いしたけれど……」という表情もうかがえた。だがマエストロは約束を破らなかった。ボリス・ゴドノフのリハーサルと深夜のレコーディングの間、夕食を自宅で一緒に食べようと言う。信頼を裏切らない男だ。

自宅はエルミタージュ美術館にほど近いネヴァ河の河岸通りにあった。チェリストのロストロポーヴィチの家もすぐ近くだ。新築の超豪華マンションだがサンクトペテルブルクは建物の高さ制限が厳しく、高層の建物は建てられない。ゲルギエフの新宅は六階と最上階の七階にあった。迎えてくれたのはナターシャ夫人とお母さん、それに妹スベトラーナ夫妻の一族。オセチアの人たちが、家族と民族のつながりをとても大切にすることは前にも書いた。

ゲルギエフはまだ劇場だという。「でも、こちらへどうぞ」と案内されたのが彼のリスニングルーム。六、七階を吹き抜けにし、床は絨毯なしの木製、グランドピアノが二台置かれ、窓際の壁の中央にはマエストロが世界から受けた栄誉の楯が飾られている。私たちの関心はオーディオにある。もちろん一番先に目についた。オーディオ装置は部屋全体を占めていた。ノーチラスのスピーカーやウーファー五台が部屋をサラウンドしていた。プレーヤーはソニーのスーパー・オーディオの再生機だ。

メイン・スピーカーの反対側の壁中央のソファーは固からず柔らか過ぎず、おそらく音を聴くのにほど良い加減のものなのだろう。劇場から帰って来たゲルギエフがそのソファーに坐った。ご存じマエストロの目には特徴がある。大きく、そして瞳がしっかりしていて、その目で見られるとまるで魔法にかかったようにさえ思える。ふたつのスピーカー・ボックス真ん中の丸い穴が、彼のギョロ目と相まってピッタリの光景だった。原田さんも森さんもぬっと現れたゲルギエフに身体中で感激していたが、相手は忙しい。単刀直入に質問入りだ。

「マエストロの素晴らしい演奏も消えますよね？」と私は水を向けた。

「最高の出来栄えの演奏を最高の技術で保存したいね。特にオペラは難しい。最高の歌手を最高の状態で歌わせることはなかなかできない。でもやりたい。いまは新しい技術があり、とても高い質のものをつくり上げることができる。僕はオーディオの世界で何が起きているか注意して見ている。最初スーパー・オーディオを耳にしたのは二年ほど前だったが、これでやってみたいと思った。

僕の劇場のオーケストラで、二つの別なホールで同じものを収録する。ホールにはそれぞれの特性があるが、その特性をどれだけ再現することができるか試すのは、とても面白い実験だと思う」。

カラヤンが録音の新しい技術に興味を持ちＣＤの普及に大きな影響を与えたという話を森さんが持ち出すと、マエストロは乗って来た。

「ホールの音響はとても重要だ。ほどよく良いものもあれば、エコーの利くもの、反響の大きいものもある。音響効果が悪い、つまりドライな音響のところでは音が停止し連続しない。だが、そういうホールでは音がとても細部まではっきり聞こえる。オーケストラの演奏が細かいところまではっきり聞こえる。極限に至るまで細部まで聞こうと思ったらドライな環境で録音するのは面白い実験だ」。

音響の悪いホールに、そんな面白みがあるとは初めて知った。

「僕がやりたいと思うのは、まさにこのマリインスキー劇場で新技術を用いて録音することだ。その録音をこれまでのCDとスーパー・オーディオCDで聴き比べてみる。どんな違いがでるか興味津々だね。マリインスキー以外だったら、例えばサントリーも良いし、大阪のフェスティバルホール、あるいはモスクワ音楽院のホールでも良い」。

話が弾んで長くなった。新技術のことから家族のこと、民族のルーツを大切にすることと世界規模で働くことの意味、そして話は大テーブルを囲んでの宴会になっても続いた。肉と野菜とチーズを挟んだ分厚いパンケーキなどオセチアの名物料理を、お母さん、ナターシャ夫人に妹スベトラーナさんが総出でサービスしてくれた。ざっと二時間あまり私たちに付き合ったマエストロは、深夜のレコーディングのため息子たちを始め家族にキスをして本当に風のように去って行った。

この時語った録音の夢をゲルギエフはその後自分のレーベルを立ち上げ、自前のコンサートホールをつくって実現させる。口に出したアイディアを実現させる行動力はまるで優れた起業家のものだ。その陰にゲルギエフの才能に惚れ込んだ大富豪の日本人女性がいたことは別にお伝えしよう。

ゲルギエフに魅せられた富豪コンテッサ

私がチェスキーナ・永江・ヨーコさんと知り合ったのは、ゲルギエフとの縁だった。ゲルギエフが結婚した後、ゲルギエフに会うといつも一緒にいる小柄な明るい〝おばさん〟と呼びたくなるような女性がその人だった。共にゲルギエフに関心を持っていることから自然と親しくなった。

イタリアベネッツィアに住む大金持ちの女性だとは聞いていたが、ゲルギエフを挟んだ付き合いの中で大金持ちの度合いを知り、私の理解するお金持ちなどとはまったく桁違いの大富豪だと知ることになる。チェスキーナさんとゲルギエフのつながりを知る鍵となるのは音楽だ。それを伝えるためには、まず彼女の生い立ちに触れなければならない。

熊本の生まれで、幼いころ母親の弾くピアノで音楽の洗礼を受けたことはゲルギエフと同じだ。同じでなかったのは、ゲルギエフが家族仲良しの穏やかな家庭で育ったのに対して、チェスキーナさんの少女時代は両親の不和に悩まされ、熊本県だけではなく関東各地を転々とする暗い生活だったことだ。両親の離婚で、安らぎをもたらしてくれるピアノがなくなり、

チェスキーナさんと。2015年ニューヨークにて（提供／ジャパン・アーツ）

彼女は通りでピアノの音が聞こえるとその家のドアを叩き、ピアノを弾かせてもらうこともあったという。家庭的にも経済的にも厳しい環境の中で彼女を支えたのが音楽だった。

熊本県立第一高等女学校で学び、地元で代用教員をしてお金を貯め、上京して東京藝術大学に入学する。狙ったことを実現するため知恵を働かせ行動する彼女の当時のエピソードは、ゲルギエフがマリインスキー劇場のリーダーに就任してから劇場改革のために払った努力とよく似ている。

彼女は芸大ハープ科で学びながら、ハープの優れた先生がいるイタリアへの留学を実現したいと思い続けていた。運命の女神は、卒業間際に芸大近くの蕎麦屋で訪れた。行きつけの店で目にした新聞に「イタリアが政府給付の音楽留学生を募集している」との記事が載っていた。締め切り間際だったというが、知恵と粘りでイタリア政府給付留学生のポストをつかみ取り、ヴェネッツィアに渡ったのが一九六〇年。日本はまだ貧しく、学生を中心とした激しい反対運動の中で日本の進路を決定づける日米安保条約が結ばれた年だ。この留学で彼女の運命は大きく変わる。

イタリアに渡って二年後、ヴェネッツィアで知り合ったのがイタリア人資産家レンツォ・チェスキーナ氏。ミラノを中心に事業を展開する実業家だったが、人々には「伯爵《コンテ》」と呼ばれるイタリア貴族の一族だった。十数年の付き合いを経て二人は正式に結婚した。教会での結婚の席で二五歳年上の新郎は一枚の書類を彼女に渡した。「大事なものだから大切に保管するように」との注意付きだった。

以後、永江洋子さんはチェスキーナ・永江・ヨーコとなり、「伯爵夫人《コンテッサ》」の肩書きで呼ばれるようになる。結婚してもハープを続けているヨーコ夫人に、チェスキーナ伯爵は「そんなに音楽が好きなら自分で演奏しなくても、オーケストラを雇って演奏させたらいい」と言ったという。これは彼女がしばしば笑いながら話したことだが、彼の資産はその話が冗談にならないほど膨大なものだった。彼女は夫の勧めを笑い飛ばし、ハープの演奏活動を続けながら富豪伯爵夫人の役割を果たしていたが、結婚から五年後チェスキーナ氏が亡くなる。彼が結婚式で彼女に渡した書類は「全財産を妻ヨーコに遺す」との自筆の遺言書だった。

親族も多い名家で、莫大な遺産がアジア出身のひとりの女性に渡ろうとしている。想像できるとおり遺言の署名の真贋を巡って激しい争いになった。マフィアがからみ、ご多分にもれず政治家が乗り出し、彼女は身の危険を感じながら十年間戦い続け、最終的には最高裁で勝って全財産を引き継いだ。その闘いはドラマ以上のスリリングな話だが、ここでの主題ではない。最高裁の判決によって彼女が引き継いだ遺産は三〇〇億円を超えるという。

ご主人が亡くなって彼女は演奏活動をやめた。十年間にわたる遺産相続争いのためもあったろうが、彼女は音楽家の支援に力を入れるようになる。ヴァイオリニストのヴェンゲーロフの才能を見抜いて名器を贈って励まし、指揮者のゲオルグ・ショルティにも公演活動の支援をした。そして出会ったのがゲルギエフ。ゲルギエフのヨーロッパ公演を聴いて「この男の指揮は違う」と霊感を受け、すぐにゲルギエフに「何かできることがあったら何でも言って」と伝えた。

二人の関係はこうして始まった。ゲルギエフへの支援について彼女は、ご主人が生前「自分で演奏に苦労するよりも、オーケストラを借り切って演奏させたらいい」と勧めてくれたのをいま実践しているのだと笑っていた。

チェスキーナさんは一九九九年九月、ウラジカフカースでのゲルギエフとナターシャの結婚式にはウィーンから飛行機をチャーターして駆けつけて列席した。以来、彼女はゲルギエフ一家にはまるで家族のひとりのように受け入れられている。「ゲルギエフの指揮は特別だ」と言うのがチェスキーナさんの口癖だった。

大金持ちでクラッシック音楽家の大スポンサーと聞くと派手な女性をイメージするだろうが、本人はいたって質素なライフスタイルの女性だった。ワインシャトーを持っていながらお酒はいっさい嗜まず、彼女が東京に来た時の食事の場所はホテルに近い普通のしゃぶしゃぶの店だった。しかしゲルギエフのハードな世界各地での公演を支援するためには、惜しみなくプライベート・ジェットを用意した。ゲルギエフの超過密な演奏スケジュールは通常の商業フライトだけでは成立しない。

マリインスキー劇場は一八世紀、女帝エカチェリーナ二世によって創設されたバレエやオペラのための宮廷劇場で、オーケストラ公演には向かない。サンクトペテルブルクにはオーケストラ公演のための有名なフィルハーモニー・ホールがあるが、こちらはサンクトペテルブルク・フィルの本拠地のため、ゲルギエフと彼のオーケストラは自由に使うことができない。ゲルギエフは自前のホールを持つ計画を立てる。マリインスキー劇場付属のコンサート・ホールだ。彼はそこを夢に描いた最高の音響のものにしたいと考えていた。

しかし、ホールの建設には膨大な資金が必要だし、サンクトペテルブルクは歴史的な景観を守るため新しい建物をつくるには厳しい規制があった。だがホール建設は二〇〇六年五月二日、ゲルギエフ五三歳の誕生日に完成した。着工からわずか二年で柿落としにこぎつけるというロシアでは驚きの速さだった。それができたのはチェスキーナさんの援助資金がタイミングよくロシアに届いたからだ。

マリインスキー劇場からほど近く、劇場の舞台装置などの製作工場だった建物を取り壊して新築した一一〇〇人収容のホールだ。全体はボートのような形で、客席はステージをぐるりと囲んだ円形劇場風、フィンランドの樺の木が全面に使われ、とても落ち着いた内装となっている。木でホール全体の内装を施したホールはそれまでのロシアにはなかった。

外見も素晴らしいが出色は音響。生の演奏をそのまま残したいというゲルギエフの願いが叶えられていて、ここでの演奏はそのままCDやDVDに収録できる。ホール完成の前にはこれまた彼女の支援でマリインスキー自前のレーベルを持つこともできて、ホールでの録音がそのままCDで発売できるようになった。異色なのはホール内のどの席からも同じように素晴らしい音響で聴くことができるので、大方のホールのようにS席A、B、C席といった区別がない。音響を担当したのが世界的な音響設計者の豊田泰久さん。ゲルギエフが好む演奏会場として挙げるのは、多くが豊田さんが音響を担当したホールだ。

ゲルギエフは自前のコンサート・ホールを持つ意味をこんなふうに語っている。「オーケストラが力をつけるためには、練習に空白があってはダメだ。常に腕を磨くためには、常に演奏旅行に出て聴衆の審判を受けなければならない。だがオーケストラにいつもそんな機会があるわけではない。だから本拠地に自前のホールを持つことがとても大切だ。演奏旅行のない時にもこのホールで機会をつくって腕を磨ける。いまマリインスキーのオーケストラは世界で負けない力をつけたと思う。休んではダメだ！」。

こだわっていたのは音響だけではなかった。演奏者の基本的な姿勢に関わる話だった。ともすれば非能率なロシアの経済は自虐的な笑いの対象にもなっているが、着工から二年で建物を完成させたのはゲルギエフの熱意とチェスキーナさんの資金援助だ。ホールのロビーの壁にはチェスキーナさんへの感謝の言葉を彫った大理石のプレートがはめ込まれている。伯爵からの遺産が生きた感激のプレートだ。それからちょうど七年後の二〇一三年五月二日にはもっと驚くことが起こる。それが次の話だ。

文化の力を信奉する同志

二〇〇八年、私はロシア政府からプーシキン勲章をいただいた。ロシア文化に貢献した活動に対してという名目だったが、私の活動がロシアの政治や経済についてだけでなく〝文化の持つ重み〟について機会を捉えて報道してきたことが評価されたのだと思う。中でも共産主義ソ連の崩壊で生じた混乱のロシアで、ゲルギエフの果たしている前向きな役割について折に触れて伝えてきたことが評価されたのだと思い、私は受章を喜んだ。

ゲルギエフも喜んでくれ、「次に日本に行った時に、ぜひ祝賀会をやろう」と言う。この年、ゲルギエフはロンドン交響楽団の首席指揮者に就任し、一一月にオーケストラを率いて日本ツアーが企画されていた。ゲルギエフは駐日ロシア大使に働きかけ、公演の合間に大使館で祝賀会をやってくれることになった。嬉しかった。

祝宴は一〇人ほどのディナーだったが、私は乾杯の挨拶でこう言った。「敬愛するマエストロに出席していただいてなんとも嬉しい。マエストロとは歳は違うが、同じ五月二日の誕生日であることを喜んでいる。しかし神様はいたずら好きだ。同じ日に生を与えながら、一

プーシキン勲章受章を祝ってくれた日にギルギエフと。2008年1月

方を天才にし一方を凡庸にした。しかし嬉しい。乾杯！」。

杯を飲み干し私が着席するやいなや、ゲルギエフがスプーンでグラスをチンチンと鳴らし立ち上がった。「私はこれまでいろいろな評価を受けてきた。しかし凡庸と言われたのは初めてだ！」。テーブルはどっと湧いて、実に和やかな心温まる祝宴になった。

誕生に一三年の開きがあるが、五月二日はゲルギエフと知り合ってから特別のものになった。ゲルギエフもこの日をさまざまな企画実現の目標にしていた。二〇〇六年には、この日に念願のマリインスキー劇場のコンサート・ホールをオープンした。そして、それから七年後の二〇一三年、彼の六〇歳の誕生日にはマリインスキー劇場新館の柿落としを実現させた。コンサート・ホールとは桁違いの規模で、国家の大プロジェクトだった。その実現にも、あの伯爵夫人《コンテッサ》、チェスキーナ・ヨーコさんの支援が大きな力になった。

私も招かれてお祝いに駆けつけた。北緯六〇度のサンクトペテルブルクはこの時期急激に日が長くなり、灰色一色だった街が一気に緑を復活させる。人々の気持ちも高揚し、一番希望に溢れる時だ。世界から賓客が招かれていたがチェスキーナさんはメインゲストのひとりで、ガラコンサートのホールではゲルギエフの家族と一緒に二階後方中央の貴賓席にいた。

ガラス張りの新館に世界各国からの音楽関係者が集まった。真っ先にプーチン大統領が祝辞を述べた。「新劇場は古い伝統を守るだけではない。世界最新の技術を取り入れ、ロシアが誇る文化の中心だ」。挨拶は簡潔で力強いものだったが、二回繰り返したことがある。それは「ゲルギエフという類い稀な才能と情熱をもった人物がいなければ、絶対実現できなかったものだ」ということだ。「誕生日おめでとう」の大統領の言葉に全員が立ち上がって拍手をした。その後、大統領は一階席中央で、バレエのマイヤ・プリセツカヤと夫の作曲家シチェドリンの間に座り、最後までゲルギエフ指揮のガラを楽しんでいた。

客席二〇〇〇、音響はオペラ劇場の蓄積を生かし、どの席にいても歌手が身近で歌っているように聞こえる。音響はすでに七年前に完成していたコンサート・ホールのように日本の音響設計者の豊田泰久さんが手がけたものではない。だが、音響がいかに重要かを説明するゲルギエフは、豊田さんのことにしばしば言及し、オペラ劇場の音響設計の実績から新館を担当したドイツ人の音響設計者を苦笑させていた。

七階建てのガラス張りの新館はメインステージのほかバレエ、コーラス、オーケストラのためのリハーサルステージ、二五〇〇人のスタッフが快適に働ける設備を備えている。サンクトペテルブルクを一望に見渡せる屋上には、毎年六月開催される白夜祭のために屋外コンサートのステージがしつらえてある。総面積七万九〇〇〇平方メートルの新館は世界最大とうたっているが、ガラスを多用した建物は論争の種にもなっている。ピョートル大帝以来、建物の高さを一定にして外観にも統一性を持たせてつくられた街の景観を乱すという反対の声は根強い。批判の声は、マリインスキーが素晴らしい音楽で市民を感動させて行けば、やがてはおさまる性質のものだ。

劇場のホールの壁は白と茶色が模様を描き春の訪れを感じさせる天然石サードオニキスで覆われ、どこか別の世界に迷い込んだような錯覚を抱く。ロビーからの螺旋階段にもガラスが多用されているために、時に目がくらむようなことがある。旧オペラ・ハウスが通路も狭く大理石を使った内装は重厚で照明も抑えられているのに対し、こちらは自然光を取り入れていてなんとも明るい。

オペラのステージは奥行きが恐ろしく深い。ガラコンサートの冒頭、バレエのバヤデルカの群舞で、まずステージの広がりに圧倒される。少年少女合唱隊のアヴェマリアが響き、マツーエフの力に溢れたピアノ、セメンチュークのカルメンのアリア、そしてバシュメットのヴィオラでエカチェリーナ・コンダウロヴァが白鳥を踊る。そのたびにステージ一杯に映像が効果的に使われる。スマートフォンの画面を指でめくるような滑らかさと気軽さで背景の映像が左右上下に自在に現れ、舞台の効果を盛り上げる。そんな新しい機能が、新鮮で面白い演出を可能にした。

ゲルギエフの親友プラシド・ドミンゴが登場しワルキューレのジグムンドのアリアで会場は沸きに沸く。そして最後は、アンナ・ネトレプコを初めゲルギエフが世界に送り出したトップ歌手が総出演でフィナーレを飾った。最後にはハッピーバースデーの歌がステージから客席からわき上がり、満面笑みのゲルギエフを称えた柿落としだった。

ガラコンサートが終わって、劇場二階のレクチャールームでレセプションが行われた。プーチン大統領はチェスキーナさんに歩み寄って話しかけ、彼女の支援に感謝し、冒頭のスピーチではゲルギエフが幾多の困難を乗り越えて見事に劇場を完成させた執念を賞賛し、その陰に日本人の支援があったことに感謝して拍手を浴びた。

この機会にロシア政府はゲルギエフに「労働英雄勲章」を授与した。この栄誉は共産政権時代には「社会主義労働英雄勲章」と呼ばれ、社会主義社会の実現のために功績のあった働きをしたものに与えられる最高の栄誉だったが、ソ連が崩壊したのとともなって廃止されていた。プーチン大統領政権のもとで勲章は単純に「労働英雄」と改められて国に貢献した働きに対して与えられる最高勲章になった。ゲルギエフはその栄誉を受ける最初の人となった。プーチン大統領のロシアが文化政策をいかに重視しているかを示している話だ。

私はロシア大統領から日本人のロシア文化への寄与に対する謝辞を聞いて、誇らしく帰国した。その一か月後、東京の帝国ホテルでロシアのセルゲイ・ナルイシキン議会下院議長が大統領特別代表として来日し、「ロシア文化フェスティバル」の開幕式が行われた。ロシアは二〇〇六年から毎年予算を組み、音楽、演劇、絵画やサーカスなどロシアの文化を紹介する催しを日本各地で半年間にわたって開催している。ナルイシキン氏は下院議長の前には大統領府長官も務め、二〇一六年からは対外情報庁長官におさまっていることからも推察できるように、プーチン大統領の腹心のひとりだ。

文化交流の重要性を重視するロシアの政策を強調したナルイシキン大統領特別代表のスピーチの後、安倍総理大臣の歓迎の挨拶があった。と言っても、官僚による代読だ。中身も明らかにお役人の書いた形式的なものだった。その日の総理の行動日誌を見ると、開会式の前後、総理は東京にいた。総理官邸と帝国ホテルは目と鼻の先だ。プーチン大統領が腹心を大統領特別代表として日本に送り込み、文化の持つ力を重視する姿勢を見せている時、安倍総理の対応は明らかに文化を軽視するものだとロシア側は受け取ったし、日本の関係者の多くももったいないことだと嘆いていた。

ロシア文化の殿堂、マリインスキー劇場の新館の柿落としに駆けつけ、その実現に力を注いだゲルギエフと丸二日間にわたって一緒に過ごし、日本人の支援にも感謝したプーチン大統領と、日本の指導者の間には文化の持つ力、文化の果たす役割についての判断に大きなギャップがある。

ゲルギエフの音に魅せられて莫大な支援を続けていたチェスキーナさんだが、文化の持つ影響力には強い信念を持っていた。二〇〇八年、ニューヨーク・フィルハーモニックが北朝鮮での公演を企画した。どうにも動かない北朝鮮と他の国との関係に一石を投じることができるかもしれないという漠然とした期待から生まれた企画だった。この話に乗って支援をすると言い出したのがチェスキーナさんだ。彼女の意図を知って私はヴェネッツィアに電話をした。

いつものように執事が取り次いで彼女が電話口に出た。彼女の電話にはルールがあって、こちらからかけると必ずいったん切って折り返しかけてくる。いつも長話になるから、こちらの懐を心配しての配慮だ。いつものように折り返すからという彼女を遮って、私は「ニューヨーク・フィルのこの企画に支援をするのはやめたほうがいい」と伝えた。拉致問題などを抱えた北朝鮮を間接的にせよ助けるような資金援助は、チェスキーナさんの身の安全にも影響しかねないと率直に忠告した。これに対してチェスキーナさんの反応は激しかった。「折り返すから」というういつもの言葉もなく、激しい口調で言った。

「何を言っているのよ！ 日本の首相が拉致問題の解決は最優先だといつも言っているのに、何か解決したの？ 見通しが少しでも出てきたの？ ないでしょう。誰かが何かやらなければならないの。ニューヨーク・フィルの公演が具体的な成果を生むかどうかわからない。でも、やってみなければわからないでしょう」。

私はファナティックな団体や人間がいるから、身の危険を避けるためにやめたほうがいいと再度説得したが、彼女は遺産相続騒ぎの時にも身の危険があったという話も持ち出し、「結果はどうなっても私はやる」と聞かなかった。

結局、彼女のお金でニューヨーク・フィルの平壌公演が実現し、彼女も同行したのだが、公演には金正日総書記も姿を見せず、北朝鮮とアメリカ、そして日本の関係に何の変化ももたらさなかった。

普段はマスコミに露出するのを好まないチェスキーナさんだったが、この問題では積極的にメディアに登場し「非難されても私はやる。善意がひょっとしたら効果を生むかもしれないから。音楽には国境がないから」と訴えていた。何も結果を産まず、何の身の危険も起こらなかった何千万円かの彼女の善意だった。

一方大きな成果を生む支援を受けているゲルギエフは「政治家は分裂を招き、音楽は団結をもたらす」と口癖のように言う。マエストロ・ゲルギエフと富豪チェスキーナさんは、音楽に対する限りない愛と同時に文化の力を信奉する同志なのだ。

第三章　ゲルギエフの魔法

指揮者を目指してはいなかった

いまのゲルギエフの活動を見ていると、早くから指揮者を目指していたように思えるが、コーカサスの田舎から花の都の音楽院に入学した当時は指揮者になろうなどという気はまったくなく、ピアニストを目指してピアノに集中していたと言う。音楽院の学生寮は狭い部屋に四人一緒の寮生活で、先輩後輩合わせて一〇人がグループをつくりお互い励まし合いながらピアニストを目指していた。

ゲルギエフが新入生で最年少だった時、最上級の四年生にひどく変わり者がいた。大変なおしゃべりでいろいろな話題でみんなを煙に巻くのだが、ひとつだけ真剣に繰り返し話していたのが指揮者論だったという。最年少のゲルギエフにはずいぶんもったいぶった喋り方に聞こえたそうだが、この先輩は「良い指揮者は非常に少ない」が口癖だったと言う。付け加えて「ムラヴィンスキーと僕とスヴェトラーノフ、それにもしかしてテミルカーノフくらいかな?」と付け加えて言うのがいつものことだったと言う。ムラヴィンスキーはレニングラード交響楽団の伝説的な指揮者、スヴェトラーノフはモスクワ交響楽団首席指揮者、テミルカーノフはキーロフ劇場（現マリインスキー劇場）の指揮者でゲルギエフの前任者だ。

ゲルギエフが世界に知られることになった「カラヤン国際指揮者コンクール」の項でも書いたが、ムラヴィンスキーはカラヤンも称賛し、当時のソ連では神様のように敬まわれていた指揮者だ。そのムラヴィンスキーを学生風情が自分と同等に並べて評するのだから、一緒に学んでいた仲間はいつも苦笑いをしていた。

音楽院ではピアノの練習をしようにも数には限りがあった。彼は他の学生がピアノを弾いている時には、ピアノが空く順番を待ちながらおしゃべりをやめなかったが、ゲルギエフがピアノに向かっている間だけは黙って演奏する様子を凝視していた。そして言った言葉にゲルギエフ自身が驚く。「われわれの中で将来、大指揮者になれるのは僕とゲルギエフだけだろう」。

それまでゲルギエフの頭の中には指揮者になるなどという考えはまったくなかった。学内ではいろいろなコンサートが頻繁に開かれ、学生も指揮をしたが、ピアノに集中しているゲルギエフは一度も指揮をしたことがなかった。後から考えればこの〝おしゃべり学生〟の一言が、ゲルギエフの頭に指揮者というアイディアが刷り込まれた初めての体験だった。

当の先輩は、まだ学生だったのに結婚して退学した。結婚相手はソ連のトップ指導者集団二〇人ほどの共産党中央委員会政治局員の娘で、モスクワで豪勢な住宅に住み一般の人たちとは付き合いのない生活を始めたという。私は彼を見つけ出し、なぜゲルギエフ本人もまったく気づかない才能を見つけたのか尋ねたいと思ったが、行方を探し出すことはできなかった。ソ連激動の時代の不思議なエピソードだ。

ゲルギエフがカラヤン国際指揮者コンクールで入賞した時はまだ音楽院の学生だったから、指揮を学び始めてわずか四年ほどで世界に認められる指揮法を身につけたことになる。ゲルギエフの集中力がいかに優れているかを知る話だが、おしゃべり学生の他に、音楽院の教授陣の中にも彼に潜在的な能力があることを見抜いて育てた先生がいたことにも注目しなければならない。ゲルギエフはソ連時代の教育についてこんな風に言っている。

「共産主義独裁の時代には否定的な面がいっぱいあった。多くの人が投獄され殺された。私の祖父は優秀な電気技師だったがある日突然、行方がわからなくなった。叔父があらゆるコネを使って必死に探し、一か月後に秘密警察の刑務所にいることをつきとめ、奇跡的に面会することができた。その一か月で祖父の頭髪は真っ白になっていた。そんな恐怖もある社会だったが、こと教育に関しては才能あるものを伸ばす制度が機能していた。音楽教育はことにしっかりしていた。それは音楽が人々に影響を与える力を持っていることを独裁者スターリンも知っていたからだ」。

作曲家や演奏家に国家が介入したのもソ連の歴史の一面だが、それは音楽が持つ影響力が分かっていたからだ。ショスタコーヴィチやプロコフィエフの曲を共産党が批判し、時には修正を強要したことは広く知られているが、ゲルギエフが師と仰ぐムラヴィンスキーは共産党とのつながりを巧みに避けることができた数少ない音楽家だとゲルギエフは言う。

「共産党はさまざまな記念日や集会でクラッシック音楽の持つ影響力を目一杯利用しようとした。そうした演奏会に名前をつけるとすれば〝政治劇場〟といった名称になるだろうが、ムラヴィンスキーだけはそうした場所で振ることはしなかった。共産党が独裁的な力を持っている当時、それは容易にできることではなかったがムラヴィンスキーはその方針を最後まで守り通した。

ムラヴィンスキーは集中力の権化のような人物だった。指揮する曲のレパートリーも、チャイコフスキーは交響曲は二曲、ベートーヴェンは五番、六番ときおり四番、ブラームスも二曲だけ、モーツアルトの交響曲も二曲で、オペラはいっさい振らなかった。そうした集中で神格的な評価を受けていたから、その影響力を活用して党の宣伝をする芸術ショーの政治劇場への出演を避けることができたのだろう」。それがゲルギエフの推理だ。

ムラヴィンスキーに影響を受けたと言いながら、ゲルギエフはムラヴィンスキーから公式には指揮法を伝授されていない。「なぜ師弟関係にならなかったのか」という私の問いにゲルギエフは「ムラヴィンスキーは指揮者で、教授ではなかったからだ」と言う。ドイツ語を話し、ドイツ文学にも精通していたムラヴィンスキーは、ドイツ語のようにけじめの厳しい性格だったのだそうだ。

指揮者への評価は、ゲルギエフの音楽を聴く上でとても参考になる。彼が真っ先に興味深い指揮者として挙げたのはフルトヴェングラーだ。

「フルトヴェングラーの指揮はパーフェクトだと言えない瞬間がある。つまり完全に正確だと言えない。別な言い方をすればすべてが素晴らしくオーガナイズされているとは言いがたい瞬間がある。しかし、それはたいしたことではない。彼の指揮には何もかも天才的だと言えるような瞬間がある。そういう天才的な瞬間を感じさせる点で彼に及ぶ者はいない。例えばシューベルトの交響曲八番あるいはブラームスの四番第一楽章の終わりの部分だ。

彼の指揮について〝三秒はとてもよかったが三秒は面白くなかった〟と言うように評価してはならない。〝曲を最初から最後まで全部聴いたら彼の意図がどこにあるかわかった〟と言うべきだ。彼の曲は人間の身体のようなものだからだ。指を見ただけでどんな人間か判断してはだめだ。全部の指どうしがどうつながっているのか、その全部の指がどう動くか、何のために動くのか考えなければならない。人間の身体は天然のコングロマリットであるように、交響曲もオペラも全部が不可分に一体になっているのだから。フルトヴェングラーはこの不可分の一身体の謎解きをするという意味でおそらく最も優れた指揮者だ」。

ゲルギエフが誰よりも興味を持つのは、やはりカラヤンに行き着く。「カラヤンの指揮はほとんど完璧で神にも似たクオリティーを持っていて、すべてがパーフェクトだ。パーフェクトと言ったが、それはハイクオリティー・サウンドの意味だ」。

そんな風にカラヤンを評価しながら、ゲルギエフの感性は冷めていた。「しかし、そのサウンドが少し変わった時があった。一九五〇年代、六〇年代のことだ。この時代にはパブリシティー、広告が重要視されるようになっていた。カラヤンのサウンドも世界経済全体の動向から少し影響を受けていた。そんなことがあってもカラヤンは類稀な卓越した指揮者だった」。

ゲルギエフがすべての指揮者の中で一番予測不可能の指揮者として名前をあげたのがバーンスタインだ。「バーンスタインは非常に自分の内面を重視する芸術家で、極めて自由な感覚が鋭く巨大な才能を持った指揮者だ。予測しがたい人物だった。彼は若い人たちだけからなるオーケストラを持っていた。若い人たちだけのオーケストラは、自分たちがどう演奏したら良いかわからないまま彼の指揮を受ける。バーンスタインはその若者たちを思うままに導いてゆく。バーンスタインとオーケストラのコンタクトは完璧だった」。

この話を聞いてから二年後、ウィーンフィルの伝説的なクラリネット首席奏者からまったく同じバーンスタイン評価を聞くことになる。それだけではない。同じようにバーンスタインを評価した二人が日本の音楽祭で一緒に世界からの若い音楽家を育てていると言う不思議な縁につながる。それが次にお伝えすることだ。

ＰＭＦ音楽祭・バーンスタイン、ゲルギエフとの奇縁

ゲルギエフが最も予測不可能な指揮者としてレナード・バーンスタインを挙げ、ウィーンフィルのレジェンド・クラリネット奏者がゲルギエフをバーンスタインと同じような感性の持ち主だと評した。何の仕掛けもなく私がたまたま興味を抱いたことにこんな結果が出たのだが、このたまたまが大きく繋がって膨らんで行った話がこれからお伝えすることだ。

日本の地方にもクラッシックの音楽祭があるが、私が成功していると思う企画のひとつに札幌のＰＭＦ音楽祭がある。「パシフィック・ミュージック・フェスティバル」という名称は太平洋と平和の意味が込められていて、それだけでもスケールの大きさを感じさせるが、その創設者がバーンスタインだ。バーンスタインはアメリカ・ボストン郊外のタングルウッドで毎年夏に音楽祭を主催していたが、ゲルギエフが言っているように若い音楽家の育成に関心を持っていて、アメリカ以外の地域でもその機会を狙っていた。

音楽文化に関心を示していた札幌市がこれに乗りバーンスタインの若手音楽家の養成塾としてＰＭＦが初めて開催されたのが一九九〇年の夏。すでに世に出ている演奏者を集めた音

楽祭ではなく、音楽家を目指す若者を対象に世界各地でオーディションをやり、合格したものを集めて、世界の一流の音楽家が一夏訓練をして、その成果を発表するというユニークな音楽祭だ。パシフィックと名づけた志も大きいが、それを組織し世界一流の教授陣を集めるというのも、気宇壮大なアイデアを持ち世界の音楽界に影響力を持ち実行力を備えたバーンスタインでなければ実現できなかった企画だ。

なぜ札幌が選ばれたのか、それにはまた奇跡のような話があるのだが、それは後に譲って話を先に進めよう。第一回は世界中から集った一二〇名あまりの若者にバーンスタインがシューマンの交響曲二番を教えた。すべて順調な滑り出しという時に運命のいたずらが入る。札幌の直後の日本公演旅行中に倒れアメリカに運ばれて治療を受けたが助からなかった。ＰＭＦからわずか二か月後、肺癌だった。彼はひどいヘビースモーカーだったが、志

北海道の自然の中でも話し合った。2004年7月31日（提供／木之下晃）

半ばに命を奪われたことは残念だったに違いない。しかし彼の遺志を札幌市が引き継ぎ開催を続けることを宣言して今日のＰＭＦがある。

ゲルギエフがＰＭＦに初めて参加したのは二〇〇四年、首席指揮者として札幌に乗り込んできた。と言っても、彼の参加を実現するまでには長い時間がかかった。もうこの頃になると世界の音楽界からのゲルギエフに対するラブコールは高まるばかりで、札幌に呼ぶのは簡単ではなかった。

それを粘って実現したのがＰＭＦの原武さんだ。原さんは音大出身でＮＨＫに私と同じ年に入り、ずっと音楽部門を担当してＮＨＫでの最後にはＮ響の副理事長を務めた専門家だ。ＮＨＫを離れた後はサントリーホールの総支配人になり、ＰＭＦに請われ理事・企画運営委員を務める方。

原さんは何回もゲルギエフの公演を聴き、彼の力量に感激していた。私が混乱したロシア社会での音楽家の役割という視点からゲルギエフに関心を持っていたのに対して、原さんは音楽専門家の立場から彼に惹かれていた。企画を担当して原さんは折あるごとにゲルギエフを説得し、ゲルギエフもＰＭＦの志に大いに共感してくれた。原さんがＮＨＫ時代に築いた信頼関係が大きな力になってのことだ。現場からはウィーンフィルの人たちが感じたように予測不可能の彼の行動に心配する人たちもいたが、当時の上田札幌市長もゲルギエフにぞっこん惚れ込み、その意を受けて当時の実力常務理事が決断し最終的には原さんと常務が何回も海外に飛んで話をまとめた。ゲルギエフは二〇〇四年と二〇〇六年に首席指揮者として、そして二〇一五年からは芸術監督となり、主催者の要請でオリンピックの二〇二〇年まで契約が延長された。みんな喜んだがゲルギエフの行動様式が変わったわけではなく、超過密な彼のスケジュールに主催者は振り回されヒヤヒヤさせられている。

二〇一八年にも札幌入りが遅れに遅れた。スイスのバルヴィエ音楽祭で公演を済ませ、チャーター機で新千歳に着いたのが夜の九時。世界からの音楽プロを目指す若者たちを練習会場の「キタラホール」に待機させ、空港から直接ホールに入った時には一〇時を回っていた。すぐにレッスンを開始した。さんざん待たされた若者たちが到着したゲルギエフを拍手で迎えたところに、彼への若者の期待が見て取れる。練習は深夜まで続いた。

二〇〇四年、ゲルギエフが初めて札幌にやって来て私も駆けつけた。案の定というかやっぱりというか、彼は予定より二日遅れてやってきた。とにかく到着が嬉しかったからすぐにサンクトペテルブルクの自宅に電話した。無事着いたことを伝えるとナターシャ夫人が金切り声をあげた。「行っては行けなかったのよ、咳が止まらないのに。お母さんは泣いて止めたのに行ってしまった!」悲痛な叫びだった。返す言葉を失った。今は咳もしていないからと伝えて電話を切った。彼のお母さん思いは尋常ではない。その彼がお母さんの制止を振り切って札幌にやってきた。彼は言い訳をしない男だ。ナターシャ夫人には私が叱られてしまった格好になったが、ゲルギエフの気持ちを察して涙が出そうになった。

そんな到着だったが、札幌で待ち受けていたのが伝説のウィーンフィル首席クラリネット奏者のペーター・シュミードルだった。彼はウィーンフィルの他の教授陣を統括する教授兼務の芸術主幹の重責を担っていた。今は元ウィーンフィルのコンサートマスター、ライナー・キュッヒルがこのポストを引き継いでいる要の役割だ。

ＰＭＦのメインの演奏会場は中島公園の中にあるキタラホールだが、若者たちが指導を受ける場所は郊外の芸術の森の中にある。当時のＰＭＦは野村証券など有力スポンサーから支援を受けていて余裕があったらしく、森の中の芝生の上に臨時のレストランが設けられ、札幌の有名シェフが料理をつくって陽光のもとでサービスをしていた。ゲルギエフが訓練を始める当日の昼はウィーンの名物料理ターフェルシュピッツ。シュミードルさんにマネージャー役の彼の実弟、ジャパンアーツの中藤会長に私も混じってゲルギエフとの話が弾んでテーブルは大いに盛り上がった。

話がはずむにつれて事務局の担当者がそわそわし始める。練習開始の時間が迫っているのだ。ゲルギエフが行くぞと立ち上がった時には開始予定の午後二時を回っていた。練習場は芝生のレストランの目の前。ゲルギエフはすぐに指揮台に座って指揮を始めた。待機していた訓練生がいっせいに音を出す。曲はバーンスタインの「ディヴェルティメント」。すでに若者たちは日本の指揮者から二週間にわたって指導を受け練習して来ていた。

ゲルギエフの指揮で彼らが音を出した途端、ゲルギエフの前に若者の研修を担当していた日本人指揮者が呟いた。「やつら何で俺の時にこの音を出さないんだ！」。私にはもちろんわからないことだが、指揮者の実力というのはそういうものらしいと知った。

話は突然それから二年後のことになる。大西洋上の客船でシュミードルさんに再会した。私は日本の豪華客船飛鳥Ⅱの世界一周クルーズに短期間乗船し、乗客の皆さんにロシアなどの話をするというとても楽しい仕事に恵まれているが、彼もまた日本人ピアニスト後藤泉さんとコンビで、船客の皆さんを楽しませる仕事をしていた。船上での余裕のある時間を使っていろいろな話をしたが、その中で「ウィーンフィルのメンバーがゲルギエフをどう思っているか」と尋ねたことがある。シュミードルさんがまず言ったのは「ゲルギエフは時間の予測がつかなくて」という。これはロシアで暮らした私にはよく分かる。ロシアの大方の人たちには日本の電車のダイヤのように、少しの狂いもなく時間を守るのはとても苦手だ。苦手というよりできないという方に近い。その代表格がプーチン大統領だが、ゲルギエフもそのひとりだ。そして「ゲルギエフの指揮は同じ曲でも毎回振り方が違う」とシュミードルさんは付け加えた。楽譜があって毎回振り方が違う⁉　そんなことがあるものかと訝る私にシュミードルさんは「だが大部分のウィーンフィルのメンバーはなぜ今日はこの振り方になるのか共感できる。理解できるのではない。そう感じられるのだ」とおっしゃる。私にはもちろん理解できないことだが、少しでもわかりたいと質問した。「ウィーンフィルを指揮した歴代指揮者の中で、ウィーンフィルの人たちが同じように感じた指揮者がいたか？」と。

シュミードルさんの応えは「ひとりだけいた。だれだと思う？」と言う。丸顔にいたずらっぽい笑いを浮かべての逆質問だ。知識も経験もない私には皆目想像もつかない。こんな時に浮かぶのはカラヤンしかない。「カラヤンか」という私にシュミードルさんの口から出た指揮者がバーンスタインだった。先に書いたゲルギエフのバーンスタイン評を読み返していただきたい。なるほど、二人のユニークな指揮者に共通する資質だと胸に落ちる。バーンスタインを同じように評価した二人が、日本の札幌で同じ情熱で世界中からの若者を育てているのを見ると私は音楽が結ぶ不思議な縁を感じてしまう。

話を札幌に戻そう。ＰＭＦ音楽祭は研修の成果を発表するキタラホールでのコンサートがメインだが、ホールでの演奏に負けず劣らず人気があるのが翌日の「芸術の森屋外ステージ」でのコンサートだ。森にかこまれた屋外ステージの前になだらかなスロープの芝生が広がり、観客は芝生に座ってピクニック気分で演奏を聴く。北の国でも日中の日差しは強いから小型のテントを張って待ち構える参加者もいる。演奏の若者もゲルギエフも揃いのTシャツ姿で、演奏に合わせてカラスなどがときおり不協和音を響かせることもある。演奏を終えた若者たちは抱き合い研修の成果の発表が成功したことを喜び合う。人種も宗教も国籍も超えた人と人を結びつける喜びの瞬間だ。爽やかな空気の屋外コンサートはＰＭＦならではの最終イベントだ。

バーンスタインでスタートした札幌ＰＭＦ音楽祭は一九九〇年から昨年二〇一八年で二九回を数え、これまでに世界八〇近い国と地域からの若い研修修了生を育て、その音楽家たちが世界各地の二〇〇近いオーケストラで活躍している。ＰＭＦは二〇一九年の今年で三〇回。ゲルギエフは記念の年の芸術監督だ。札幌市がこの世界的な音楽祭にかける意気込みは大きく、三〇周年を前に昨年一〇月には客席二三〇〇のオペラ公演ができるホールを完成させた。ゲルギエフは二〇二〇年にこのホールでモーツアルトの「ドン・ジョヴァンニ」を振る。歌手は研修生ではなく、すでに実力が証明されている一流の陣容にする準備を進めている。音楽祭に新しい風が吹く。

ゲルギエフは四年に一度、サンクトペテルブルクとモスクワを会場に行われるチャイコフスキー・コンクールの組織委員長でもあるが、二〇一九年六月のコンクールでは新しい部門に管楽器が入る。その優勝者を演奏者として連れて来て、研修生全体に刺激を与えようとしている。

常に前向きに音楽の魅力を開拓しようというゲルギエフの意図は札幌ＰＭＦで実現することになるが、彼は現状に満足していない。満足していないひとつの理由は、世界で超一流の演奏家を教授陣に揃えて実績をあげているのに、世界での知名度が不当に低いというのが彼の言い分だ。

その理由はパシフィックを名乗りながらアジア・極東地域からの飛行便がひどく不便だからだという。例えば極東の中心都市ウラジオストクから直行便だと一時間もかからないのに、現状では遠回りをしてひどい時には半日もかかる。世界の一流を集める環境としてはあまりにもひどいというのが彼の意見だ。指揮者でありながら音楽祭周辺の環境まで注文をつけるのは、彼が音楽を少ない人たちだけのものにしたくないと考えていることの現れだ。

ロシアでもそうした発言が政治を動かし、社会を変えて来た。音楽に精通し社会と人を広く見ているところが彼の力だが、さらにもうひとつ〝世界の先を読んでいる〟というところをお知らせしなければならない。それがまたＰＭＦの創設者バーンスタインと不思議に共通するところだ。ゲルギエフはそれを「インヴェストメント」（投資）と呼んでいる。音楽家があまり使う言葉ではないと思うが、その投資が実際に実を結んでいることを次にお伝えしよう。

指揮者にして企業家

一九九〇年バーンスタインが世界から有望な若手を集めて養成することを目指した音楽祭「ＰＭＦ」が札幌に決まった経緯には、世界の情勢が決定的に関わっていた。アメリカボストン郊外のタングルウッド音楽祭で成功を収めたバーンスタインが次に狙ったのは、若者育成のための音楽教育イベントだ。彼がその会場として目をつけて交渉を進めていたのが中国だった。当時の中国は、クラッシック音楽の世界ではまったく関心を呼ばない国だった。そこに目をつけたのは中国の文化的潜在力を感じ取っていたからだろう。

「若者育成音楽祭」は一九九〇年に北京での開催が決まりかけていた。そこに起こったのが、前年六月の天安門事件だ。その一月前の五月、ゴルバチョフが中国を訪問し、その影響もあって国民の間には民主化を求める動きが急速に広がった。ゴルバチョフが中国との関係正常化を約束して帰国すると、学生を中心としたデモは急速に膨らんだ。

天安門広場はその中心地だった。これに対して当時の実質的な中国の最高指導者、鄧小平軍事委員長は人民軍にデモ鎮圧のため出動を命じた。その当日の六月四日、私はＮＨＫの衛星実験放送のキャスターとして、ＣＮＮが現場から送ってくる中継映像を見ながらニュースを伝えていた。天安門広場に出動した戦車の正面に白シャツ姿の若者が立ちはだかった。戦車はスピードを緩めず若者の直前まで迫った瞬間に映像が切れた。若者の運命は残酷に想像できた。この時の犠牲者は多数と言われるが、正確な数は今もって明らかにされていない。

そんな社会状況だったから、バーンスタインの音楽祭構想はあっけなく潰えた。代わって札幌が選ばれたのだから、隣の大国の不幸は札幌に大変な恩恵をもたらしたことになる。

バーンスタイン同様に中国に目をつけていたのがゲルギエフだった。私がゲルギエフの誘いに乗って彼の故郷北オセチアに取材に乗り込んだのは、天安門事件から七年後の一九九六年一〇月だが、ゲルギエフは故郷に飛んで来る前に中国の上海と北京でマリインスキー劇場オーケストラ公演を実現させていた。

まだ中国はクラッシック音楽の市場があるような社会情勢ではなかった。この年の中国を見ると一人当たりのＧＤＰは世界の中で一五四番目、七〇〇ドル足らずの経済的にも相当に余裕のない国だ。その国にオーケストラを引き連れて出かけて演奏して、ギャラはどのくらいかとの私のぶしつけな質問にゲルギエフは「ギャラは出ない、金が目当てで中国に出かけたのではない」と言う。

「僕がマリインスキーを率いてからこれまで八年間に、ニューヨークを初め世界各地で八、九〇回演奏している。しかし中国は初めてだ。なぜと思うだろうが、僕らにとって欲しいのは聴衆だ。この頃、世間ではインヴェストメントという言葉がしきりに使われているが、僕らにとって新しい聴衆を獲得することがインヴェストメントだ。

初めての中国滞在は五日間だった。放送の契約はなかったが国営テレビで全部中継された。三つのチャンネル全部で放送してくれた。おそらく何千万、あるいは一億とか二億の人たちが視聴してくれたのではないか。いまは音楽家もバレエや演劇の人たちも、アメリカで成功するにはどうしたらいいかとばかり考えている。しかし、いまこそ東洋が重要だと思う。今回の上海と北京での演奏会はお金にならないどころか持ち出しだったが、次に中国に行く時にはバレエでもオペラでもオーケストラでも十もの都市で公演できるかもしれない。つまり、あれは〝インヴェストメント公演〟だったということだ」

指揮者から企業家のような発言が繰り返し飛び出し、不思議な気持になったが、時が経ってみるとビジネスマン指揮者ゲルギエフの活動が音楽の世界だけではなく、ロシア社会に活気を与えているのは、持ち出しで中国公演を企画するような発想で〝投資活動〟をしているからだろう。ゲルギエフが中国初公演をした時、中国の一人当たりの年間ＧＤＰは七〇〇ドル足らずだったが、同じ年にロシアがどうだったかと言えば、こちらも世界で九五番目、二六〇〇ドルほどの貧しい国だった。その貧弱な経済力の国の指揮者が持ち出しで中国公演を考えたのは、発想の中に常に世界があり、その先を読んでいるからだろう。

その発想はバーンスタインも同じだ。若者の教育を中国でやろうとしたバーンスタインは、ロシア出身のユダヤ人の子供だ。彼の父親は若い時、黒海の港町オデッサからアメリカに渡り、マサチューセッツで理髪店をやって生計を立てていた。そこで生まれたバーンスタインを取り巻く環境は決して音楽的とは言えなかったが、彼は幼児の頃から母親がかける蓄音機の音に強い興味を示したという。長じて父親の強い反対を押して音楽の道に進み、アメリカ出身で初めての世界的な指揮者になった。母親の趣味が息子に影響を与えて世界的な音楽家を生んだのはゲルギエフの場合と同じだ。

そしてバーンスタインが常に世界に目を向けていたというのも、ゲルギエフととてもよく似ている。バーンスタインは二五歳の時、ニューヨーク・フィルハーモニーを病気で振ることができなくなったブルーノ・ワルターに代わって指揮し、その放送が話題になってセンセーションを巻き起こした。それを受けて彼はニューヨーク・フィルハーモニーの音楽監督になるが、五〇歳になったところで辞任し、常任指揮者に就任するのを断り、世界各地のオーケストラを指揮する道を選んだ。オーケストラはウィーン・フィルやロンドン交響楽団など西ヨーロッパ各国のオーケストラからイスラエルフィルなど広く世界のオーケストラに目を向け、タングルウッドでは小澤征爾さんや佐渡裕さんなどの日本人指揮者も育てた。

そして二人は札幌で結びつく。音楽がつなぐ不思議な縁を感じるゲルギエフとバーンスタインだ。

「ロシア人たちが嵐で北京を席捲」——これはマリインスキーの中国公演を伝えたイギリスの経済紙「フィナンシャル・タイムズ」の大見出しで、ページの半分を埋めた長文の中国公演のリポート記事だ。ゲルギエフがインヴェストメントを標榜しているから経済紙がこんな大げさな記事にしたのかと思われるかもしれないが、事実はさにあらず。フィナンシャル・タイムズは音楽批評を含めて文化欄に定評のある新聞だ。ゲルギエフ・チームの中国公演に音楽批評担当者が同行して、その総括をした記事の見出しが〝ロシア人たちが嵐で…〟となった。

ゲルギエフの働きぶりをまずこんなふうに紹介するところから記事は始まる。「ゲルギエフのオーケストラはロシアのアンサンブルとしては三〇年ぶりに北京にやってきた。このオーケストラは昨年一六〇日間国外で公演し、先月は南アフリカに、二週間前にはイタリアで演奏した。北京を終えて明日はキルギスのビシュケクに飛んでキルギス出身の歌手の追悼コンサートをやり、そこから彼の故郷に飛ぶ。故郷での凱旋公演を終えてサンクトペテルブルクに帰るが、四日後には三週間の長いアメリカ公演ツアーに向かう。こんなハードなスケジュールでも団員の意気は高揚している」

　ゲルギエフが団員とともにゲルギエフの故郷ウラジカフカースに寄り、私もそのコンサートに立ち会ったことは前に書いたが、団員たちが上機嫌だったことは確かに感じた。みんなの気持ちが一致して行動しているときに自然と湧き上がる高揚感だ。とは言っても、故郷に入る前にとんでもなくハードなスケジュールで移動をしていることを考えれば、団員が疲れて音楽の質にも影響していたのではないかと思うが、記事の筆者は音楽批評家だ。彼は次のように伝えている。

「彼らは上海にオープンしたオペラハウスで演奏した最初の外国オーケストラだ。翌日の人民大会堂には江沢民総書記を初め八〇〇〇人の客が耳を傾けた。聴衆は熱狂の域を超えていた。この公演ツアーは音楽を超えた意味を持った。チャイコフスキー、リムスキー・コルサコフ、そしてストラヴィンスキーが、あたかも異人種の人々の垣根を取り払ったようだ」

　音楽は人々を結びつけるというゲルギエフの信念を、フィナンシャル・タイムズの音楽批評家は現実の演奏で感じ取り、興奮して書いている。江沢民総書記はゲルギエフと話し、二〇〇二年に北京にオープン予定のコンサートホールの柿落としにゲルギエフを招いた。これを受けて彼は記者会見で、中国が二一世紀に向かって測り知れないクラシック音楽の潜在力を持っていることを強調し、若い才能を育てることが重要で、それは必ず国民を成長させるとの音楽論をぶった。

そしてゲルギエフは〝起業家指揮者〟の側面を早速に発揮し始めた。フィナンシャル・タイムズはこの記事の中で、ゲルギエフが中国の当局者と次からの公演の出演料の交渉を始めたと伝えている。演奏旅行はインヴェストメントと言ってのけたゲルギエフの目論見は、二一世紀になったいま、しっかりした現実になっている。

文化力がロシアに効き始めた

ゲルギエフの口から「インヴェストメント」などという言葉を聞いて驚いたのは一九九五年だったか、それから七年後、今度は「搾取」という言葉が飛び出して驚いた。資本家による労働者の搾取、地主による農民の搾取、そういう発想が共産主義イデオロギーを支える支柱になっていた。

私が初めてモスクワに派遣されたのは一九七〇年だが、それから共産主義ソ連が崩壊するまで、ロシア語でエクスプルアターツィアと軽快に響くこの単語は毎日のように耳にしていた。搾取を排除して出来上がったというコルホーズと呼ばれる集団農場に行くと、農場の議長なる人物が議長室の大きな机に向かって背広にネクタイで執務していた。背後の壁には搾取排除の革命の祖レーニンの肖像画が掛けられていたが、これが搾取をなくした農業の現場の姿かと皮肉なユーモアを感じたものだった。

ゴルバチョフの改革政策でその皮肉な姿はすっかりなくなり、搾取という言葉は死語のようになった。その言葉をゲルギエフが使ったのは二〇〇二年一一月、ゲルギエフがマリインスキー・オーケストラを率いて日本公演にやってきた時だ。

この日本公演ツアーの初日は支援者チェスキーナ・ヨーコさんの故郷熊本で演奏し、その後日本各地を回ることになっていた。ロシア国内各地で公演しイルクーツクからチャーター機で成田にやってきたのだが、いつものように到着は遅れた。団員は国内定期便で熊本入りの予定だったが間に合わない。公演時間は迫って来る。この時のチェスキーナさんの働きには鬼気迫るものがあった。航空会社と、ゲルギエフの信奉者である財務省出身の実力者を動かして、短時間でチャーター機を確保した。そのおかげで団員と楽器は演奏開始時間の直前に熊本空港に到着できて、開演時間がずれただけで演奏会は行われた。

そもそも無理なスケジュールの公演ツアーだった。「ひどい過密スケジュールだ」と呆れる私にゲルギエフが言った。「僕はいま自分自身を搾取している。昼夜の別もなく!」と笑った。ソ連共産党政権時代に誰もが耳タコになっていた言葉が飛び出して、ひどく懐かしさを感じた騒ぎだった。

この半年前、私はロシアに出かけてＮＨＫのドキュメンタリー番組をつくった。最初に彼の番組をつくった時には、ロシアが共産主義ソ連崩壊の後遺症で政治経済の混乱が続き、国民はまだ迷っていた。人々がようやく自信を取り戻し始めたのは、二〇〇〇年にプーチンが大統領になってからだ。

前のエリツィン大統領の時代には、政治を信用しない国民も企業も税金を払うのを嫌がった。その結果、国の税収が見込み額に達することは一度もなかった。エリツィン政権はこれに対して新たな税金を次々につくり、それを取り立てるために税金警察を創設した。銃で完全武装した覆面の部隊が税金を払わない企業などを襲って取り立てたが、このやり方は国民をしらけさせるだけでたいして効果は上がらなかった。

その政権を引き継いだプーチン大統領は、納税者の心理を読んで税制を一変させた。所得税を収入のいかんにかかわらず一律一三パーセントのフラット税制にしたのだ。金持ち優遇税制と非難の起こるところだが、それまで企業は利益を上げてもさまざまな課税ですべて税金に吸い取られてしまっていた。そのやり方では脱税は無理もないことだ。一三パーセントなら払うだろうという人間の心理を読んだ決断がたちまち効果を現し、プーチン就任の最初の年から国の税収は初めて見込み額を上回った。自動小銃を構えて税金取り立てをした税金警察もしばらくして廃止された。

人々の心に自信が戻り始めた。プーチン大統領に任せておけば大丈夫だという雰囲気も出来上がってきた。新任のプーチン大統領に対しては欧米初め日本での評価は否定的だった。秘密警察出身であることや、テロ対策などがきわめて過激だったことなどがその評価の背景にあるが、ロシア国民はプーチンを久々に信頼できる指導者と感じ、人々が国の将来に明るい兆しを見るようになっていた。

混乱の時期、私と初めて会った時ゲルギエフが「ロシアには文化がある。ロシアは文化を通じて再生する。心配ない！」と断言した言葉が現実味を帯びてきていた。ぜひまた彼の話を聞いておきたいというのが、私の二つ目のドキュメンタリー取材の狙いだった。

プーチン大統領が就任して丸二年の二〇〇二年ゲルギエフはモスクワで初めての音楽祭を企画し復活祭音楽祭と名づけて実現させていた。嘘のような話だが、それまで首都モスクワには音楽祭はなかった。ゲルギエフが選んだ時期はナチス・ドイツが降伏した戦勝記念日の五月九日、会場は一八一二年ナポレオン撃退と一九四五年の対ナチスドイツ戦勝を記念してつくられたモスクワ勝利公園。モスクワ西部のポクロンナヤの丘と呼ばれるが、丘と言ってもなだらかな起伏があるだけの広大な地域だ。

モスクワの五月は春を迎え日が長くなり、人の心が浮き立つ時期だ。春の陽光がどれだけ人々の心を明るくさせるか、半年の間、灰色一色の冬に閉じ込められた者でなければその喜びの大きさは実感できないかもしれない。陽光の下に人々が屋外に飛び出し、水着姿になって太陽の光を吸収しようとする。気温はまだ低い。日本人では裸になれる温度ではない。ゲルギエフが屋外でのコンサートを選んだのは、歴史からもそして現実的な人の欲求からも申し分ない発案だ。絶好の日和に恵まれて音楽祭のハイライト屋外大コンサートには一〇万もの市民が集まった。

「皆さん、第一回復活祭音楽祭にようこそ。この文化の祭典はロシアの将来に心を込めて企画しました。新たな気分で皆さんに音楽をお届けします」との挨拶は、短いが彼の気持ちが溢れている。ゲルギエフが選んだ曲はチャイコフスキーの交響曲「一八一二年」。巨大な音響システムで丘全体に演奏が響き渡る。曲の締めの大砲の音は本物の大砲の大轟音で、戦勝記念の丘は歓声で沸き上がった。

音楽祭を終えてすぐにサンクトペテルブルクに帰る。彼のスケジュールに合わせて取材をするには本当に体力がいる。マリインスキー劇場での長いインタビューで彼はロシアでの音楽文化の役割についてこんな話をした。

「戦勝記念日の屋外コンサートには、とてもたくさんの聴衆が来てくれた。そこに深い意味がある。ロシアがいまも文化大国で、その偉大な文化のシンボルである音楽への愛情を失っていないことを証明してくれたからだ。ロシアの音楽はロシア文化の最大のシンボルだからだ」。

私は尋ねた。「文化大国と言ったが、あなたはプーチン大統領と非常に理解し合っているようだ。プーチン大統領は〝強いロシアをつくろう〟と言っている。この発言とあなたのいう文化大国とはどういう風につながるのか?」。これに対する彼の応えは、本書を書くことになった原点だから正確に伝えよう。

「たとえばローマ帝国は世界に多大な文化、芸術、建築様式を伝え、それを文化遺産として後世に残した。帝国が滅びても文化は残ったわけだ。文化遺産を見れば二〇〇〇年前のローマ市民はどうであったのか、当時の様子を彷彿とさせる。まさにいま、ロシアでも過去の価値ある遺産を振り返る時だ。

一〇年前ロシアは大きな問題を抱えた。ソ連邦は崩壊してなくなった。しかしロシアには大切な文化が残っていることに人々が気づき始めた。音楽、文学、博物館、劇場などはこの世から消えたわけではなく残っていた。われわれのマリインスキー劇場もそうだ。サンクトペテルブルクのエルミタージュ美術館もモスクワのボリショイ劇場も、さらに他の博物館や劇場も、そして芸術大学も、みんな壊されずに残っていた。プーチン大統領が言う強大な国家とは、教育、化学、医療、そして芸術が充実した国を目指すということだと思う」。

「文化が力を持っているから、ロシアは必ず文化の力で再生する」と初対面の私に熱っぽく語ってから一二年を経て、その予言が実現しつつあるとの確信がのぞいていた。話しながら彼の表情には自信が見て取れた。初対面での彼の言葉に対して私の心の隅に疑問がなかったわけではないが、それでも私がゲルギエフのロシア社会に与える影響を追いかけて来たのは、決して間違いではなかった。

教育は紅茶のようなもの

ゲルギエフはロシアで優れた教育を受け、国際コンクールでまた超一流の指揮者の指導を受けた。その恩返しが自分の人生だと常々言っている。それが彼が若者の育成に熱心な理由であることは前にもお伝えした。しかし、もう一方で「ロシアの教育環境には問題があった」という彼自身の体験談を聞くと、問題があってもそれを乗り越えてしまう逞しさがゲルギエフをつくったとも思える。

それは故郷ウラジカフカースで音楽学校に入学しようとした時のエピソードで、ひょっとしたら今日の名指揮者は誕生しなかったかもしれないと思ってしまうほどの大きな出来事だが、ゲルギエフはいまその体験を懐かしそうに話す。

音楽好きだった母親タマーラさんが小さいゲルギエフに音楽の才能があることに気づき、地元の音楽学校を受験させた。ゲルギエフ八歳の時だ。音楽学校は大変な人気で六倍もの競争率だったと言う。試験は先生が手で打つリズムをまねたり、先生の歌うとおりに短いメロディーを復唱させたりする簡単なもので、ゲルギエフ少年には造作もないテストだった。し

私の取材に答えるゲルギエフの母親タマーラさん。1996年10月

かし試験が終わって合格者の中に彼の名前はなかった。

母親はびっくりしたが、試験官の女性の先生は母親に「おたくの坊やには音楽的な才能がまったくありません。でもとても良い子で、目つきがとてもしっかりしています」と妙な褒め方をしたとゲルギエフは笑う。母親は諦めなかった。知り合いを通じて地元で有名だった作曲家に相談した。作曲家は彼の家にやってきてゲルギエフの音楽的な適性をあれこれ調べた。「この子は音楽学校の先生を全部ひっくるめたよりもっと大きな才能を持っている」というのが作曲家の結論で、彼自身が音楽学校にかけあってくれた。

学校はいくら有名作曲家にそう言われても、すぐに入試結果を訂正するわけにはいかない。

メンツを潰すようなことはできない。次善の措置として、ゲルギエフが学校で授業を受けることを特別に許可するが、入学ではないという妙な妥協ができた。ゲルギエフは三日ほど授業を受けたが、入学試験と同じようにまったく簡単なことを繰り返しやっているので授業を受ける気にはならない。朝学校に行くと言って家を出るが学校には行かず、友達と一日中サッカーに夢中になっていた。

知り合いがそのことに気づいて母親に知らせた。ある日いつものようにサッカーで一日過ごし帰宅すると母親が待ち構えていた。学校に行っていたものと思っていた母親は悲しがり、父親と一緒にゲルギエフを問いただした。「両親を尊敬していて好きだったからあの時は本当に辛かった」と言うが、そこからゲルギエフの運命が開ける。

両親がどう動いたのかはわからないが、音楽学校のピアノ担当の女性の先生が指導を引き受けてくれた。先生がゲルギエフの才能に気づくのには時間はかからなかった。素晴らしい先生でゲルギエフも授業が面白くて仕方がなくなる。「もし仮入学で、あの先生に出会っていなかったら、いまの自分はなかったかもしれない」とゲルギエフは言う。彼はその先生から九年間にわたって指導を受けて頭角を表し、ロシアで音楽教育の最高学府サンクトペテルブルク音楽院に送られることになる。

先生は亡くなったが、彼女が教えていた教室には彼女の名前がつけられ、世界的な指揮者を育てた功績を称えている。私がゲルギエフと一緒にその音楽学校を訪れた時には「目はしっかりしているが、音楽的才能はまったくない」と判定した試験官の先生もいた。その先生について、ゲルギエフは「いまでは〝僕を育てた先生のひとり〟ということになっている」と笑っていたが、その人とも何のわだかまりもなかったかのように親しく談笑していた。彼はネガティブなことを引きずらないたちなのだ。

ゲルギエフの言動にはいつも物事を単純に見ない姿勢が見えるが、共産主義時代の教育についても柔軟に評価をしている。共産主義ソ連の時代にはプロパガンダ一色のような印象を受けるのだが、ゲルギエフはその時代でも教育システムは共産主義一辺倒ではなかったという。その理由は、ロシアが伝統的に教育大国だったからだと言う。一〇〇年、二〇〇年前からペテルブルク大学やモスクワ大学ではとてもしっかりした教育システムが機能していた。

彼が例に挙げたのが詩人のプーシキン。ロシアでロシア語を今のように綺麗な言語に整えた人物として敬愛されていて、いまでも学校で彼の詩を暗誦することが国語教育の原点になっている。私の苦い体験を言えば、記者会見で少し厳しい質問をすると、外務省の報道官がプーシキンの詩の一節を引用して応えるといったことがままあった。ロシア人なら常識なのだが生半可なロシア語の知識ではなんのことかわからない。結局それ以上追求することもできず、苦笑いをして引き下がらざるを得なかったことが何回もある。

ゲルギエフが言う。「プーシキンは帝政時代の学習院で教育を受けた。だから帝政ロシアの伝統と革命後のソ連の伝統がいまの教育に引き継がれているということだ」と。そしてここに「紅茶」が登場する。「質の高い伝統、過去に培われたものを失ってはならない。たとえ国が共産主義体制であろうと、民主主義、帝政あるいは王政であろうと知識を失ってはならない。知識とは紅茶のようなものだ。君が共産主義者がいれた紅茶を飲もうと資本主義者がいれた紅茶を飲もうと、紅茶は紅茶で違いはない」

そして、もうひとつ音楽が登場する。「チャイコフスキー、ストラヴィンスキー、プロコフィエフなどは帝政時代に音楽を学んだ。ショスタコーヴィチは帝政時代とソ連時代またがって学んだ。ショスタコーヴィチと同じようにたくさんの人々がこの二つの体制の境界線にまたがって教育を受けた。そういう人々がわれわれに教育を伝えてくれている」。

その伝統の中で、特に注目をしておかなければならない作曲家としてゲルギエフはショスタコーヴィチを挙げた。「革命でレーニンやスターリンが登場し、ショスタコーヴィチの音楽活動にとってスターリンは大きな問題になった。彼は独裁者スターリンによる芸術への介入に強く抵抗した。とても力強い交響曲第五番、七番、八番を書いたが、そのときは寝食を忘れて仕事に没頭した。闘わなければならなかったからだ。なぜなら独裁者は共産主義のプロパガンダを求めていたからだ。ショスタコーヴィチは真のロシア文化の存在を信じ、抵抗し、闘ったのだ」。

知識とは紅茶のようなものだと言うゲルギエフの論を聴きながら、私はふと「独裁者スターリンは紅茶をウォッカに変えようとしたのではないか」と思った。いやウォッカならロシア人は大喜びするだろうが、紅茶を水に変えようとしたからショスタコーヴィチのような人たちからの抵抗に遭ったということだろう。

ショスタコーヴィチの抵抗については、チェリストのロストロポーヴィチがこんなエピソードを話してくれたことがある。彼は「プロコフィエフは友人、ショスタコーヴィチは先生」だと言っていたが、ショスタコーヴィチが共産党員に名を連ねていたことは気に入らなかった。二人はサンクトペテルブルク郊外の別荘が隣同士で、そのことをよく話題にしたという。ショスタコーヴィチは「自分の言いたいことはすべて楽譜の中にある。共産党はいろいろな文書に署名を要求する。私は文書には目を通さずに出されたままサインする」と言ったという。ロストロポーヴィチによると、そのために上下逆さまに署名された書類も残っていると言う。

抵抗の話題になってゲルギエフにも聞いておかねばならない。「あなたはいま何かに抵抗していませんか?」。

「官僚としょっちゅう闘っている。官僚は歌やバレエの邪魔はしないが、例えば組織改革をしようとしたり、劇場の改修をしようとしたりするとすぐに口を挟んでくる!」。

共産主義ソ連は官僚の全盛時代だった。共産主義が崩れたといってもその伝統はそう簡単にはなくならないのだろう。ゲルギエフが守らなければならないという伝統には〝質の高い〟という条件がつく。ソ連時代のロシア勤務で〝質の高くない〟官僚主義にさんざん悩まされた体験を持つ私には、ゲルギエフの苦労が実に身に染みてわかる。

働けぬが命令はできる

ゲルギエフは官僚と日々闘っていると言ったが、その発言にはロシアの将来への警告が込められている。共産主義が将来の世界を支配する優れたイデオロギーだと多くのロシア人がまだ信じ込んでいた時代に、ゲルギエフの叔父が共産主義の悲劇的な誤りについて記録を残していたということを彼自身が詳しく話してくれたことがある。その誤りが〝官僚主義〟だった。

ゲルギエフの叔父、ボリス・ラクーチは電子機器製造工場の工場長で、退職して亡くなる直前に本を書いた。ソ連が崩壊する九年前で、タイトルは単純に「工場長の回想録」だが、内容はソ連が行き詰まることを予言する衝撃的なものだった。理論は単純明快でこんなふうに綴られていたという。

「いまのソ連では人口一〇〇万のコミュニティがあるとすると五〇万人が官僚だ。必要な官僚はせいぜい八パーセントだ。いまの体制では共産党がまず命令を出す。そのために党官僚が存在する。次に政府が命令を出す。ここも役人の巣だ。そして州、地区から町や村が次々に命令を下ろしてゆく。役人には代理がいて、その代理の下にも代理職がいる。誰も何もつくり出さない。彼らは食事の用意もせず、洋服をつくるわけでもなく、製造設備をつくることもしない。木を切り出すこともしない。ただ命令をするだけだ。ただ書類をつくり出している」

言論統制の共産政権下では、出版には党官僚の審査があり許可が必要だ。しかし、書かれた内容は出版が公式に許されるものではない。タイプ印刷のアングラ本だった。

ゲルギエフは「命令だけで生産をしない官僚ばかりの体制で普通の国を維持できるのはせいぜい三年くらいのものだろう」と言う。「ロシアがその体制で七〇年も続いたのは、石油やガスを初め天然資源がふんだんにあり、国土も広く世界一豊かだったからだ。世界一豊かで世界一愚かな国だったということだ」

官僚支配の社会の問題点を叔父の遺書ともいえる警告書を例に指摘したゲルギエフだが、彼は前に書いたようにロシアの質の良い伝統や教育は共産主義政権を経ても財産として残っていることは評価している。それなのにこれだけ官僚制度をこき下ろした話を持ち出したのは、彼自身がいまでも官僚の介入に苦労していることの表れだと私は察している。

〝命令するだけ〟の官僚の言動に国民はうんざりしていた。国民全体の中で官僚が占めていた割合の多さを考えると、官僚自身が加害者であると同時に被害者でもあったと思うが、うんざりしている人の多いことは官僚が笑いの格好の対象になっていたことによく現れていた。

ロシアではサーカスが庶民文化のひとつの柱になっている。日本でサーカスといえば、仮設テントでの一時的な娯楽のようなイメージがあるが、ロシアではサーカスは立派な文化として認知されていて、首都モスクワには二つの立派な常設サーカス劇場があるし、地方の都市でもサーカス劇場は不可欠のものになっている。サーカスで働く人たちもアーティストと呼ばれ、人気のある人は人民芸術家や功労芸術家といった国家の名誉の称号を受ける立派な芸術家だ。サーカスのアーティストを育てる国立の学校もある。

サーカスで重要な役割を果たすのがピエロで、ピエロが表現するユーモアはまさに世相の鏡だ。歴代優れたピエロの名前は年齢に関わらず人々の話題にのぼるが、恐らくゴルバチョフ全盛時代にゴルバチョフを知らなくても、知らない者はいないだろうと言われたのがユーリー・ニクーリンだ。人民芸術家の称号を持つ国民的な英雄だった。

私はニクーリンとは取材で知り合い家族ぐるみの付き合いをしたが、彼の家はクレムリン宮殿に近い一一階建のアパートの一〇階ワンフロア、その上の最上階にはロシアというより世界の至宝のピアニスト、スヴャストラフ・リヒテルが住んでいた。ニクーリンが庶民からだけではなく国家からも高い評価を受けていたことの証拠だ。共産党官僚から評価され芸術家アパートを割り当てられていたのだが、ニクーリンはその官僚の行動様式を笑いのタネにしていた。

高級官僚のように胸を反らせて大げさに言う。「ワシは働くことはできぬ。だが命令することができる！」。ニクーリンの皮肉で観客はどっと湧く。日頃の鬱憤を笑い飛ばしてくれていた。

共産党支配が崩れて二〇年近くになるが、七〇年も国民生活を律していたやり方がなくなってしまったとは思えない。ニクーリンは一九九七年に亡くなったが、遺体は土葬のまま郊外のノボジェーヴィチ修道院墓地に埋葬された。彼の墓の近くにはゴルバチョフ大統領のライサ夫人やチェリストのロストロポーヴィチ、エリツィン元大統領などが眠っているが、彼がピエロの姿で愛犬ダンと座っているブロンズ像の墓には、いつ行っても花がたくさん供えられていて絶えることがない。

ゲルギエフに関係ない話と思われるかもしれないが、この話を持ち出したのはゲルギエフがさりげなく話すことの中に、彼の大きな狙いを知るヒントが隠されていることを私が何度も体験しているからだ。例を挙げよう。

彼がマリインスキー劇場のリーダーとして劇場の改革について話した時、サンクトペテルブルクの町の魅力に触れた。運河が縦横に流れるこの町は美しく設計され、教会や美術館に公園がほどよく配置されている。建物の高さは揃えられていて、景観を汚す広告もない。通りを歩けば、この街で活躍した偉人の像に出会い歴史に思いを馳せることができる。

その中心が宮殿広場だ。かつて宮殿だった淡いブルーと白のエルミタージュ美術館と半円形の参謀本部の美しい建築に挟まれ、中心には一八一二年ナポレオン軍撃退を記念して建てられた高さ四七メートルの円柱の上に天使像が街を守っている。ロシア文化の中心地にふさわしい広場だ。

「しかし、あの美しい半円形の建物を使っているのは参謀本部の軍人だ。参謀本部はそんな中心地になくても十分役割を果たせると思う。サンクトペテルブルクはことほど左様に持っている宝の一〇パーセントも使っていない。この町は素晴らしい可能性を持っている」

音楽家ゲルギエフはそんな話をした。なるほどと思ったが、ゲルギエフが実際に行動を起こしていたことを後から知った。彼はエルミタージュ美術館のピオトロフスキー館長と組んで参謀本部の移転を働きかけ、政府と軍を動かしてその移転を実現させた。軍人が去った後は建物の内部を改修し、エルミタージュ美術館の新館となり、主に印象派の作品中心の展示場になっている。

ゲルギエフからマリインスキー劇場新館の建設構想を聞いたのは彼が芸術監督に就任して五年後のことだ。マリインスキー劇場は素晴らしいが、何しろ設備も古いし客席も舞台も帝政時代の発想でできている。古いといってもロシア文化の殿堂だ。大事に守らなければならないが、最新の技術を生かし、多くの人に来てもらえる劇場は必要になる、といった話だった。

その時すでに彼は新館実現のために行動を起こしていたことが、後になってわかった。劇場の運河を挟んだ対岸に古い七階建の集合住宅があった。ここに目をつけ、まず住民の移転先を確保して、世界中の建築家の中から設計施工の業者を探し新館実現を目指していた。

普通に考えればその仕事だけに専念したとしても大変だろうに、演奏旅行でロシアだけではなく世界を飛び回りながら進めていた。最初に決まりかけた新館は、アメリカ人建築家の設計で大きなペットボトルを潰したような超近代的な外観だったが、さすがにこれは街並みの保存にうるさい当局に受け入れられず、それをまたやり直してついに二〇一三年五月二日、柿落としにこぎつけた。お祝いに駆けつけたプーチン大統領が「ゲルギエフの情熱と執念がなかったら実現しなかった」と繰り返し二度も述べて完成を祝ったことは前にお伝えした。

ゲルギエフの言葉は軽く聞き流せないという体験をした私は、彼の言葉をインタビュー記録などで追いながら、次はどんなことをやろうとしているのかを考えるようになった。〝官僚と闘っている〟という彼の言葉の裏にどんな行動があるのか、それはロシアの将来を見る上でとても興味深いことだ。

第四章　政治は分裂を、音楽は団結を

ゲルギエフをめぐる二人の女性

こんなタイトルだと、ひどく下世話な話に思われるだろうが、ここではゲルギエフが無名の音楽家の才能を発見し伸ばす手法と、彼女らを惹き付ける行動について書くことにしたい。二人の女性とはアンナ・ネトレプコとルネ・フレミング。いずれもいまオペラで世界中を魅了しているソプラノ歌手だ。

ゲルギエフは「若い時に受けた恩恵の恩返しをするのが自分の人生だ」と言い、恩返しのひとつとして若い才能を発掘し育てることに情熱を燃やしている。その強い意志の力により、いま世界に羽ばたいている歌手のひとりがアンナ・ネトレプコだ。

若い才能を育てることに熱心なゲルギエフは、自分が注目している新人の音楽家を人に紹介する時に決まり文句を使う。「将来のために注目しておいてくれ」。その言い方で、私が紹介されたのがアンナ・ネトレプコだった。まだサンクトペテルブルク音楽院を出たばかりだったが、ゲルギエフが彼女の才能に注目し大きく育てようとしていた。

マリインスキー劇場のスタッフは、ゲルギエフは彼女がいつでも劇場の好きな公演を聴く

駆け出しのアンナ・ネトレプコと（1996年10月）

ことができるように、掃除婦の仕事を与えて劇場への出入りが自由にできるようにしていたなどと言っていたが、これは冗談だったと思う。だが、実際に彼女に何らかの劇場の仕事を与えて生の公演にいつでも接することができるようにしていたことは確かだ。

私がゲルギエフからアンナを紹介された頃、マリインスキー劇場にプラシド・ドミンゴがやってきてリサイタルが行われた。その頃ロシアでは、政治的コネクションを使って〝政商〟と呼ばれる大金持ちが生まれていて、世界的に名高いドミンゴが生で聴けるとあってチケットは闇値がついて一〇〇〇ドル、二〇〇〇ドルにもなっていた。それでもチケットは奪い合いだったが、ゲルギエフはバルコニー席を音楽家を目指す若者たちのために確保し、ただ同然の値段で最高の音に直接接することができるよう配慮していた。

そんな恩恵を受けていたアンナがマリインスキー劇場のオペラの主役に抜擢され高い評価を得て、二〇〇二年にはニューヨーク・メトロポリタン歌劇場で「戦争と平和」でデビューした。大成功を収めニューヨーク・タイムズ紙は「マリア・カラスの美声とオードリー・ヘップバーンの美貌を兼ね備えた歌手」と賞賛した。その後の彼女の活躍は、メトロポリタンだけではなく、英国ロイヤル・オペラやウィーンの国立歌劇場など世界に広がっている。

ゲルギエフは、そのメトロポリタン・デビュー前に彼女を日本に連れてきている。ゲルギエフ指揮の「カルメン」で彼女はミカエラを演じた。その時の日本の聴衆の反応が良く、ゲルギエフは自信を持ったと話している。

世界のプリマとなって、二〇一一年六月にはゲルギエフ指揮のメトロポリタン・オペラで日本ツアーが計画された。彼女は「ラ・ボエーム」でミミを歌うことになっていた。彼女のはまり役で期待は高かった。しかし、彼女は直前に訪日を取りやめた。病気ではなかった。理由は、その年三月の東日本大震災による原子力発電所事故の放射能騒ぎだ。

アンナが生まれ育ったのはロシア南部黒海に近いクラスノダール。彼女が一五歳の時、チェルノブイリで原発事故が起こった。クラスノダールはチェルノブイリから南東へ直線で九〇〇キロほどのところにある。遠く離れていると思われるかもしれないが、その時のゴルバチョフ政権の事故対応は国民に対して嘘の連続だった。「事故は収拾に向かっている」と発表を繰り返す中で、現地では住民の大量避難が続き、外国からのニュースが放射能の拡散を伝え、クラスノダールの人たちも疑心暗鬼の中でキノコも食べないような生活をした。

原子力発電所事故をめぐる嘘が一五歳の少女の記憶に刷り込まれたのは当然だろう。「東京は安全だ」と言われても、はいそうですかと言えない恐怖を味わっている。この事情を知らない日本のファンはがっかりし、反発する人さえいた。しかし当時の日本政府や電力会社の対応を振り返れば、彼女の判断が明らかな間違いだとは言えないだろう。彼女を待った日本のファンは、原子力発電所事故をめぐるロシア政府の嘘のトバッチリを受けたということだ。

少し横道にそれたが、彼女はいまドイツ・グラモフォンと専属契約を結び世界で活躍している。だがゲルギエフの大イベントでは必ず主役を演じている。マリインスキー劇場新館の柿落としでも、ソチ冬季オリンピックの開会式でも、サッカー・ワールドカップ・ロシア大会を記念するモスクワ赤の広場での大音楽会でも、ゲルギエフの企画に彼女は律儀にやってくる。

彼女が世界で活躍できる背景には国際的な支援がある。オーストリア政府は彼女の活動の功績に対して国の最高の栄誉である「宮廷歌手」の称号を贈った。その上にオーストリアの国籍も付けてだ。

ロシアの人たちが国際的な活動をするのに障害になるのがヴィザの問題だ。日本国籍であれば世界のほとんどの国にヴィザなしで行き来できるが、ロシアは厄介だ。ロシアとヴィザなし協定を結んでいる国は少数だ。ロシアは二重国籍を認めているから、オーストリアのパスポートがあれば緊急の時でもほとんどの国にすぐ飛んでゆくことができる。

オーストリアの支援は、ロシア国籍の人には私たちにはわからないほど大きなものだ。その背景にあるのは、オーストリアが音楽に誇りを持ち、音楽文化の力を知っているからだ。

私がアンナに初めてインタビューしたのは、ゲルギエフに「この娘に注目しておいてくれ」と言われた時だが、彼女がまだ初々しく恥ずかしそうにしている隣で私が大きな顔で偉そうにしている写真が残っている。この時の彼女のゲルギエフ評が、インタビューの中に記録されている。

「彼は決して冒険を恐れない人です。とても重要な役を若い経験のない歌手にまかせるのです。私たちを信用してまかせます。彼はまだ表に出ていない才能を見つけ出す力があって、若い人に任せるのです。私たちは彼の信頼を裏切らないよう懸命に努力します。自分の能力以上に努力します。外国では二〇代の歌手が大役を任されることはありません。私は二三歳の時にゲルギエフのもとでデビューできたことをとても感謝しています」

そう言いながら、彼女はゲルギエフに注文をつけた。「私たちは彼に少しは休んで欲しいのです。そうしたら私たちも休めるから。でもダメです。なぜって、彼は骨の折れる仕事が持ち上がるとエネルギーが湧いてくる人だから」

ゲルギエフの手法は若者の能力を見抜き、それを伸ばすために努力を要求するのだが、その努力目標は生半可ものではないらしい。

ゲルギエフと知り合ってから、もうひとり世界的なソプラノ歌手を知った。ニューヨーク・メトロポリタン歌劇場のプリマ、ルネ・フレミングだ。素晴らしい声と容姿に恵まれ演技力も抜群で、スター歌手の要素をすべて備えている。

彼女の存在を知ったのはゲルギエフがメトロポリタンの首席客員指揮者に就任し、彼女主演のオペラを振るようになったからだが、いまではメトロポリタン・オペラが世界の映画館に配信されてパブリックビューイングで見られるようになった。この新機軸ではオペラそのものだけではなく、幕間の舞台の転換の様子から、歌手や指揮者へのインタビューなどそっくり見せてくれるから、彼女の楽屋での様子なども垣間見えて、オペラがだいぶ身近なものになった。おまけにフレミングは舞台で歌うだけではなく、幕間の中継で案内人を務めることもあり親しみが湧く。

ゲルギエフが彼女を高く買っていることは、二〇〇三年五月のサンクトペテルブルク建都三〇〇年祭記念のマリインスキー劇場ガラコンサートに外国人歌手でただひとり招かれたことでもわかる。

記念祭には世界各国の賓客が招かれた。米国ブッシュ大統領、英国ブレア首相、フランスのシラク大統領、ドイツのシュレーダー首相そして日本の小泉首相も参加しての大イベントだった。ゲルギエフがフレミングに課した役割はチャイコフスキーのオペラ「エヴゲーニー・オネーギン」の一番有名な「手紙のシーン」で、主役タチアナのアリア。もちろんロシア語だ。彼女は見事にこの大役を果たした。

翌年、彼女は自伝を出版した。日本語訳も出版され読んで驚いた。それまでロシア語はダーとスパシーバだけしか知らなかったフレミングが、ゲルギエフの指示どおり三分半の名アリアをロシア語で歌うための苦労がつぶさに書かれている。アンナが言っているとおりゲルギエフに見込まれたら、その要求に応えるのは尋常一様ではないことがよくわかる。自伝はその時の苦労から始まるが、ゲルギエフへの賛辞がいろいろな場面で書かれている。

特に最終章には、こんな記述がある。「ゲルギエフとの仕事ができて本当にうれしい。私たちは相手にない芸術的感覚を持っているので、お互いにとても刺激になる。ワレリーが指揮するとオーケストラは男性的に力強く鳴り、ゾクゾクしてくる。それに応えて私はいつもより熱く歌い、今度は彼が私の歌にインスパイアーされる。彼の音楽には、これまで私が出会った誰よりも強烈なリズムがある。（中略）彼と歌うときは、指揮をずっと見ていなくても大丈夫。彼がフレーズを引き延ばしたら、私は自然に自分の次のフレーズを早めてバランスを取るんだなとわかる。そうやって絶えず交歓しあい危険と信頼を分かち合う。だからこそ私たちの『椿姫』は今までになかったものになる。私は演奏を愛にたとえるのが好きだ」（ルネ・フレミング『魂の声　プリマドンナができるまで』中村ひろ子訳・春秋社・二〇〇六年）

フレミングはゲルギエフとの仕事が特別であることを強調しているが、その後にバーンスタインの話が出てきて驚いた。彼がフレミングに「指揮をするのは一〇〇人の人とセックスをするようなものだ」（前掲書）と言ったという。ここでもゲルギエフとバーンスタインが顔を合わせる。そして彼女の自伝の結びでは「これからもたゆむことなく新しいレパートリーに挑戦して行く」（前掲書）と宣言している。まるでゲルギエフが喋っているような言葉だ。

難題でエネルギーが湧く人

「骨の折れる仕事が持ち上がるとエネルギーが湧いてくる人」というアンナ・ネトレプコのゲルギエフ評には、私はいまになって驚いている。ゲルギエフと四半世紀以上付き合って実感していることが、まさにそれだからだ。彼女がこれを言ったのは、まだ二〇歳を少し出たばかりの時だから、若いのに恐るべき観察眼と表現力を持っていたと思う。

彼女のオペラに人を惹きつけるものがあるのは、歌にも演技にもそんな若い時から備わっている人間観察の力が生きているからだと思う。その彼女に偉そうにインタビューし、大きな顔でツーショット写真に収まった私を彼女はどう観察していたのか、聞いてみたいものだが覚えているだろうか。

アンナは「骨の折れる仕事が持ち上がると」と言っているが、私にはゲルギエフは骨の折れる仕事を自ら進んでつくり出しているように見えた。マリインスキー劇場の芸術監督就任早々に、ロシアのオペラ四本を短期間につくると宣言したのもそうだし、オーケストラ演奏のためのコンサート・ホールやマリインスキー劇場新館の建設計画もそうだ。オペラが出来

ゲルギエフを囲んでロシア合宿のメンバーと記念撮影

上がると自ら売り込みに世界を走りまわる姿は、指揮者の活動の枠を超えた仕事だ。アンナがいみじくも看破した〝骨の折れる仕事〟を自らつくり出している。

私は毎年いろいろな人たちを誘ってロシアへの旅を企画している。合宿旅行と名づけて講演などで知り合った人たちの中から、ロシアに関心を持っている方二〇人ほどを誘うのだが、特に私が参加してほしいと声をかけるのは、「ロシアが嫌い」「プーチンが嫌い」「ロシアは貧しく、人々は言論も制限されて暗く暮らしている」と考えているような人たちだ。旅行の時期は、ゲルギエフがロシアにいて彼の指揮するオペラやコンサートを聴き、彼と話ができるタイミングを選ぶ。

マリインスキー劇場の新館が完成し、合宿旅行仲間とそこでの新演出の「オテロ」を観た時のことだ。新館が最新の近代建築様式と音響技術を取り入れた素晴らしい劇場であることはすでにお伝えした。オペラが終わっても、楽屋裏にはゲルギエフと仕事の打ち合わせをする人たちなどが次々にやってきて、私たちが会うまでにはずいぶん待たされたが、その時私が彼に真っ先に質問したのは若い頃のアンナのゲルギエフ評のパクリだ。

「立派な劇場を完成させた。大事業だったと思うが、あなたは困難な仕事をつくり出して、それを完成させるのを楽しんでいるように見えます」という私に、ゲルギエフは応えた。「以前はそうだった。でも、もう厄介なことは十分だ！」。

彼の説明はこうだ。「財政的な問題はなかったが、役所が問題だった。サンクトペテルブルクでは、こんなプロジェクトは前例がなかった。前例がなかったから、役所を動かすのが最大の難関だった。こんな体験はもう結構だ！」。

ゲルギエフは骨の折れる仕事をつくってエネルギーを湧き立たせているというのがアンナの見立てだったが、エネルギーを費した時間は決して楽しいものではなかったと知って、日本人としても妙に親近感を覚えた。

ゲルギエフは「ロシアはやっかいな国だ」とも言った。それは官僚の前例云々ではなく「ロシア社会に綿々と続く問題だ」と言う。

「ロシアは国土が広大で政策は常にアンバランスだった。それはイワン雷帝の五〇〇年前も一〇〇年前も変わらない。ロシアには優れた才能を持った人がいるかもしれないが、ロシア人を組織するのは厄介なことだ。

ロシアには天才がいた。チャイコフスキーやストラヴィンスキー、プーシキンなどたくさん。ところが、これはひとりの才能であって、ロシア人が一〇〇人集まっても必ずしも力にはならない。あちこちでトラブルが起こるか、そこまでいかなくともただの無秩序な集団となってしまう。

たとえばドイツなら、誰もが偉大な哲学者や技術者ではなくとも、集団になると必ず力と秩序が生まれる。ロシアでは、ドイツ人のような組織力は決して生まれないのだ」。

本当にそうだろうかと疑問が湧く。ロシアといえば統制のとれた軍隊のイメージが浮かぶ。ナポレオンの大軍を退却させたロシア兵、ナチス・ドイツに勝利した団結力、いずれもロシアがまとまっていた具体的な例だ。

疑問を挟む私にゲルギエフが話してくれたのは、彼がマリインスキー劇場のリーダーに就任してからの苦労話だ。マリインスキーを活性化させるのが彼の最初の仕事だったが、そのために団員をまとめ組織づくりをするのが一番苦労したことだという。そういう体験を聞けば、なるほどロシア人をまとめるのは大変なことかと思い当たる。

ゲルギエフの友人で、アカデミー外国映画賞を受賞したこともある映画監督ニキータ・ミハルコフがこんなことを話したことがある。彼はソチオリンピックの開会式でゲルギエフと並んで五輪旗を掲揚台に運んだひとりだ。「われわれロシア人は、他の人と同じことを決められたとおりにやることが一番嫌いだ。いくら高い給料をもらっても、毎日朝九時に出勤し五時退社するというような働き方はできない。例え貧乏をしても自由な生き方をしたいのがロシア人なのだ」。

そう言えば、トヨタ自動車がサンクトペテルブルクに工場進出を計画したとき一番心配したことが、ロシア人の働き方の問題だったことを思い出す。プーチン大統領は天然資源依存の経済から脱却し、健全な工業先進国になるためにトヨタの工場をサンクトペテルブルクに誘致するのに熱心だった。そのために腹心の国会議員だったマトビエンコ女史（現在・連邦議会下院議長）を州知事としてサンクトペテルブルクに送り込んだほどだ。

トヨタのカンバン方式のように工場が整然と動く企業はロシアが最も欲しいものだった。トヨタにしてもロシアは大市場だ。進出に前向きではあったが、懸念はロシア人の勤労スタイルだ。その問題を解決するために、トヨタは何年間にもわたって日本の工場にロシアからの実習生を受け入れ、カンバン方式の労働スタイルがロシア人労働者にも定着できるよう指導者を養成して、二〇〇七年ようやくサンクトペテルブルクへの工場進出を果たした。

その準備のために、私までトヨタ系列会社の社長会に呼ばれ、ロシア人の行動様式について話したことを思い出す。二〇一三年のマリインスキー新館のオープニングにはトヨタの現地責任者も見えていたが、ロシア人の労働スタイルにはまだ問題もあるといった口ぶりだった。

そんなことを思い出しながらゲルギエフの劇場改革の苦労話を聞けば、なるほど「ロシアには鉄の規律の共産主義が必要だったのか」「スターリンのような独裁者が生まれる必然性があったのか」などと思い至ることも多い。

官僚を相手に闘わなければならない段階から、いまゲルギエフはアンナの見立てのように、自ら骨の折れる仕事をつくり出してエネルギーを燃え上がらせることができるような段階に来ているのではないかと思う。伝統的なオペラを新しい演出でつくり出そうとしていることも、彼が引き受けている札幌ＰＭＦをもっと世界に知らせることもそうかもしれない。

四年に一度ロシアで開催されるチャイコフスキー・コンクールの組織委員長として、伸びる可能性のあるコンクール入賞者を世界に羽ばたかせることも、彼が喜んでエネルギーを使うことだろう。そして、ゲルギエフがおそらく心のうちに秘めているのは、争いばかりが目立ついまの世界を変えるために音楽文化を通じて貢献しようという企みではないかと私は思う。

それが具体的にはどんなものかわからないが、これまでの活動を見ていると薄ぼんやりとだが、ゲルギエフが考えていることがわかってくるような気がする。その〝薄ぼんやり〟が何なのか、それを次に考えてみたい。

チャイコフスキー・コンクールとPMFのマリアージュ

困難な問題が起こるとエネルギーを燃やすゲルギエフが、新劇場の建設などで官僚を相手に苦労するのはもうこりごりだと言い出し、では次に彼がどんな問題に気力を奮い立たせるのかとあれこれ想像している時に、面白い展開があった。

二〇一九年一月最後の日に、東京の紀尾井ホールでサイトウ・キネン・オーケストラのブラス・アンサンブルのコンサートがあった。小澤征爾さんのサイトウ・キネン・オーケストラの管楽器には外国人メンバーが多く、その人たちと日本人メンバーが一緒になって結成したグループがブラス・アンサンブルだ。夏に松本で開催されるSOM・セイジ・オザワ松本フェスティバルとは別に、全国各地で演奏会を開いている。

この日は東京では珍しくみぞれが降り、風も強く足場も悪くあいにくの天候だったが、会場に着いてみると妙に熱気を感じる。その理由は若い人が多かったからだ。若い人たちに照準を合わせていることは、チケットの料金設定でもわかった。一般六〇〇〇円が二五歳以下は半額となっていた。普段のクラッシック・コンサートでは、年配の聴衆が目立って落ち着いた雰囲気があるのだが、やはり若者が多いと熱気が違ってくる。

演奏はデュカスの「ラ・ペリ」のファンファーレで威勢良くスタート。続いてバッハの「無伴奏ヴァイオリンのためのパルティータ2番よりシャコンヌ」、そしてラヴェルの「亡き王女のためのパヴァーヌ」。ヴァイオリンの繊細な響きをブラスの威勢の良い大音響で聴くのは初体験だが、不思議に違和感はない。後で聞いたところでは、バッハのこの曲は小澤征爾さんの桐朋学園での恩師・齋藤秀雄さんが、オーケストラの授業のために編曲をしていて、マエストロ小澤にもサイトウ・キネン・オーケストラにとっても特別なものだそうだ。

チャイコフスキーの「白鳥の湖」からの小品四曲も新鮮だったし、後に続くバーンスタインの「ウェストサイド・ストーリー」はまさにブラスが水を得た感じで、客席からは拍手鳴り止まず、メンバーは何回もステージに呼び戻されていた。

若い人たちの熱狂を見ながらゲルギエフが将来のために考えていることが薄ぼんやりと見えてきた。札幌PMF芸術監督のゲルギエフはマリインスキー劇場の総裁という重責を担い、同時に四年に一度ロシアで開催されるチャイコフスキー国際コンクールの組織委員長も務めている。

二〇一八年の暮に、彼は日本での記者会見で「二〇一九年六月開催のコンクールから新しいコンペティション部門に管楽器を加える」と発表した。チャイコフスキー・コンクールは、ソ連時代の一九五八年にピアノとヴァイオリンの二部門だけでスタートし、四年後の第二回からチェロ部門、そして第三回から声楽部門が加わって以来、前回二〇一五年の第一五回までこの四部門のコンクールで通してきた。その伝統を変えるのには抵抗もあったのではないかと思う。

ゲルギエフは管楽器部門を加える理由について「管楽器の演奏者に新しい未来を与えたいからだ」と言う。「そのためには二〇一九年のチャイコフスキー国際コンクールと札幌PMFが大きな鍵になるだろう」と言葉を加えた。彼は、そのからくりをこう明かす。

二〇一九年のPMFではショスタコーヴィチの交響曲四番を取り上げる。演奏される機会のない難曲だが、この曲では管楽器が非常に大きな役割を果たす。並みの力量では追いつかない。チャイコフスキー・コンクールでは、トランペット、オーボエ、ホルンにクラリネットの金管と木管楽器の将来有望な若者が力を競う。世界から選りすぐった審査員が審査に当たる。結果が出るのは六月だ。そこで入賞した者を翌月のPMFに招く。PMFでは世界有数の演奏家、教授陣が入賞者を鍛えて、札幌だけではなく東京でも発表の機会を与える。

彼がこれまでやってきたことは、ピアノでもヴァイオリンでも声楽でも、将来性が見える若者が舞台に立てる機会をつくることだった。それが成功した例としてキーシン、レーピン、ヴェンゲーロフにネトレプコを挙げた。そして「管楽器の演奏者が伸びてゆくとこんなことが起こる」と例に挙げたのが、ベルリンフィルの名フルート奏者パユの話だ。

彼はある時、ハチャトリアンのヴァイオリン協奏曲をフルートで演奏したいと言い出した。実際に彼は演奏し、見事な出来だった。しかし、こんな曲を並みの力のフルート奏者がやったら「面白いが、やっぱりヴァイオリンの方が良い」と言われて終わるのがオチだと彼は言う。しかし本当に力量のある〝ヴィルトゥオーソ〟（名人）が登場すれば、「ハチャトリアンの名曲をフルートでぜひ」ということにもなるだろうし、チャイコフスキーのヴァイオリン協奏曲をフルートで聴くことが当たり前にもなるだろうと言う。それがゲルギエフの目論見だ。

そういった人材を育てるために「チャイコフスキー・コンクールと札幌ＰＭＦはタイミングもよく、そのマリアージュはとても貴重なものだ」と熱く語って、こう付け加えた。「私は管楽器の人たちに未来を与えたい。それが私の強い願いだ！」。

ここで私の管楽器の連想はサイトウ・キネン・オーケストラ・ブラスアンサンブルの演奏に若者が見せた熱気につながる。音楽への入り口として、ブラスバンドが大きな役割を果たしているのではないだろうか。

調べてみると、日本の学校は小中高、公立私立合わせて三万五〇〇〇校あまり。小学校では少ないかもしれないが、中学・高校ではほとんどの学校に部活のブラスバンドがある。文化庁の調査では、学校の部活で音楽やブラスバンドを選ぶのは、友達と仲良く楽しむためという動機が一番多いそうだ。楽しいことは長続きする。ブラスバンドでの体験が音楽愛好者の層を広げる。

ゲルギエフは「音楽は人を団結させる」と口癖のように言う。彼が管楽器を重視する姿勢と日本でのブラスバンドの広がりとは根っこのところで繋がっているように思う。

ゲルギエフがチャイコフスキー国際コンクールと札幌ＰＭＦのコラボレーションをとても重く考えているのは嬉しいことだが、彼の発言にはいつも高いハードルの注文がつく。「前回のチャイコフスキー・コンクールは世界一八六か国でテレビ放送された。サッカー・ワールドカップより少し少ないが、それでも大変な数の人たちが見てくれている。札幌はもっと見られなければならないイベントだ」。

ゲルギエフが次にエネルギーを燃やす仕事が少し見えてきた。しかし彼の頭の中にあるのは音楽だけのことではなそうだ。それを印象づける出来事があった。彼の志の大きさがわかるその出来事について次にお伝えしよう。

真夏のシリア砂漠でコンサートをやる心

ロシアに関心を持つ日本の仲間と毎年旅行をしている。われわれはそれを合宿旅行と呼んでいて、二〇一六年には五月に一週間サンクトペテルブルクに行った。旅の一番の目玉はゲルギエフに会って話をすることだった。もちろん、その前に彼の指揮するオペラを見るのが慣例になっている。

オペラが終わってもゲルギエフがすぐにつかまえられるわけではない。終わってから会う約束は事前にできてはいるのだが、楽屋には終演後たくさんの人たちが押しかける。この日も彼の部屋の前は人だかり。多くは各国からのインプレサリオ（興行主）だったが、その中にアンナ・ネトレプコの大支援者がいた。

彼は「トルストイの思想が世界を救う」と信じている人物で、ゲルギエフの話では大変な金持ちで、ネトレプコを全面的に応援しているのだという。そう言えば、彼女がニューヨーク・メトロポリタン・オペラにデビューしたのはトルストイ原作の「戦争と平和」だった。そこに彼が関係していたかどうかはわからないが、とにかくトルストイ教とでも言えるような熱烈な信奉者だ。

ゲルギエフと彼の話はいつも長引く。もう真夜中だ。合宿仲間の中には待ちくたびれてバスの中で眠ってしまった人もいた。その間にゲルギエフはあちこち電話をかけ、また別の訪問者と話を続け、われわれの番になったのは小一時間もたってからだ。劇場内の灯はとうに落ちていた。ゲルギエフは係に指示して照明をつけさせ、明るい劇場内の客席で話ができることになった。

その二年前にプーチン・ロシアがウクライナ領だった黒海のクリミア半島をロシアに編入した。そのためロシアは、欧米諸国からさまざまな制裁を受けていた。ロシア側の言い分はこうだ。ウクライナ南部のクリミア半島では住民の九〇パーセント以上はロシア系だが、その人たちが反ロシア政策を進めているウクライナのポロシェンコ政権から邪魔者扱いをされている。だからウクライナからの独立を住民投票で決め、その結果を受けてロシアへの編入希望を受け入れたということなのだが、世界にはこの論法は受け入れられなかった。

軍事的に見るとまた違った側面が見えてくる。クリミア半島南西部のセヴァストーポリ港はロシアの中東戦略で要になっている黒海艦隊の基地で、ソ連崩壊でウクライナが独立して以来、ウクライナに多額の租借金を支払って期限付きで使わせてもらっているかたちになっていた。しかし、中東がイスラム過激派組織の台頭で紛争が多発する中で、ロシアの中東への影響力行使を阻止しようとする軍事機構のNATOや欧米諸国の意を受けて、ウクライナがセヴァストーポリ港の租借を取り消す動きを見せたために、プーチン政権が先手を打って住民投票をやらせたというのが経緯だ。

ロシアは「住民の民意による編入希望を受け入れたものだ」と正当性を主張しているが、「領土の併合だ」と非難する欧米はロシアとの経済協力の制限や資本取引の制限、ロシア要人の入国禁止などさまざまな制裁措置を取った。

ロシアではクリミア併合に国民は大喝采で、プーチン大統領の支持率は八〇パーセントを超えたが、制裁措置が二年も続けば難しい問題も起こってくる。

やっと現れたゲルギエフに尋ねたのは、ロシアが置かれている世界の中の状況だ。「制裁でロシアは大変ではないか?」という質問にゲルギエフはこんなことを言った。

「経済制裁で欧米との共同事業などで滞っている分野はある。しかしロシアに制裁をした国に対しては、ロシアも対抗措置としてはその国からの農産物の輸入を制限するようなことをしているから、制裁をした国も損害を受けているのではないか。制裁の応酬など良いことはない。ロシア人が困っているかどうかはみなさんが街を歩いたり、マーケットをのぞいたりすればわかるだろう」

この旅行では人々の暮らし向きを知ることも狙いのひとつで、必ずマーケットに行って品や値段を確認する。確かにフランス産のチーズがないというようなことはあったが、果物から野菜、花にいたるまで制裁国以外からの品物があふれていて同行の仲間も全員が驚いていた。

ゲルギエフはさらに「ロシアのオーケストラやバレエ、オペラなどの外国での公演には何の支障も起こっていない」と言い、「文化には政治の争いを超える力があることの証明ではないか」と嬉しそうだった。そして、最後に付け加えた一言があった。「まあ何が起こるか見ていてくれ」。

仲間は「クリミアをめぐる国際関係がロシアの人々の暮らしに影響している様子が見えないことは意外だ」と言い、あるものは「ロシアからの報道に問題がありそうだ」と感想を漏らしたが、ゲルギエフの「見ていてくれ」が何を意味するかは、私も他の〝合宿仲間〟も深く考えることなく帰国した。

それが何を意味したかは、帰国して一月もたたないうちにわかった。ゲルギエフがマリインスキー劇場楽団を率いてシリアのパルミラに乗り込み、遺跡のローマ劇場でコンサートをやったのだ。シリアは中東の民族や宗教をめぐる争いの真っ只中の国だ。パルミラはシリアの中部砂漠地帯のど真ん中の遺跡で、ローマ時代の神殿や円柱の並んだ回廊、それにローマ劇場が二〇〇〇年の時を超えて残っていて、ユネスコから世界遺産に指定された人類の宝だ。

しかし、アサド政権の独裁体制に反政府勢力が台頭し、加えて二〇一五年からはイスラム

シリアのパルミラ遺跡でのコンサート。2016年5月（提供／ AFP＝時事）

過激派武装勢力が各地で支配地域を広げ、その情勢に欧米各国にイランやロシア、トルコが絡んで争いの見本市のようになっている。

アサド政権と同盟関係にあるのがロシア。アメリカはアサドの退陣を求めて反政府勢力を支援し、そこにイスラム過激派組織ＩＳ（イスラム国）がこの地域を乗っ取ろうとしているという図式だ。その中で世界遺産のパルミラはＩＳの支配する地域になっていた。

アサド政権を支持するロシアは空軍と地上軍を派遣し、アサド政権軍とともにパルミラ奪回作戦を行っていたが、二〇一六年三月に完全にイスラム過激派を制圧し「パルミラを奪回した」と発表した。イスラム過激派の姿は消えたと言っても周辺は地雷原だ。奪回の発表の後、兵士が探知機で地雷を探し除去している映像が世界に流れていた。

地雷の危険だけではない。遺跡は灼熱の砂漠の中にある。太陽はカンカン照りだ。演奏者だけではなく繊細な楽器にとっても、どう考えてもコンサートにはふさわしい環境ではない。コンサート会場となったローマ劇場の遺跡は、イスラムＩＳが集団処刑をした舞台でもあったが、爆破もされずに残っていて、舞台に向かって半円形の石段の客席には兵士に混じってヘジャブ姿の女性も見えた。

コンサートではまずゲルギエフが挨拶した。「この場所は虐殺が行われ人類の遺産が破壊された。コンサートは世界のすべての人々が一致してテロと戦い、団結して平和を願うものだ」。

会場には大スクリーンが設置されていた。ゲルギエフの呼びかけに応えて、プーチン大統領がそのスクリーンに映し出され、「このコンサートの実現は、テロに対する世界のすべての人々の共通の勝利の証だ」とソチからの生中継でスピーチをした。

コンサートでは、二〇一五年のチャイコフスキー国際コンクールのヴァイオリン部門で入賞したパヴェル・ミリュコフがバッハの「シャコンヌ」を、人民芸術家のチェリスト、セルゲイ・ロルドゥギンがシチェドリンのオペラ「愛だけでなく」の中の踊り「カドリーユ」を、そして締めはマリインスキー劇場楽団がプロコフィエフの交響曲を演奏した。

ゲルギエフは「バッハの曲は人類の魂の偉大さを表し、プロコフィエフの曲はベートーヴェンやモーツアルトなど偉大な音楽家へのオマージュで、人類の希望と明るい未来を表現している」と説明した。

演奏の場所から演奏者、そして遺跡の会場に大スクリーンを持ち込んで生でプーチン大統領のメッセージを流すという演出まで、常識的な発想を超えたコンサートだったが、その舞台裏は想像を超えたものだったことをゲルギエフから聞いた。

砂漠のコンサートから二か月後、ゲルギエフは札幌にやってきた。一緒に食事をしながら話したことはこんなことだった。

「中東の争いで貴重な人類の文化遺産が失われている。取り返しがつかないことだ。その中でシリア一の遺跡から曲がりなりにも破壊者を排除することができた。コンサートの発想はまず人類の遺産を守るユネスコを勇気づける狙いがあった。計画は一〇か月前から練っていた。

しかしやってみると大変だった。砂漠の日中の温度がどのくらいになるか知っているだろう。白い帽子で一応太陽を防いだが、ひどい暑さだった。イスラム過激派が排除されたとはいえ何が起こるかわからない。だから防弾チョッキをつけていた。これがまた重くて熱い。だがそんなことよりも、とにかく祝賀の演奏会で文化遺産を守る意味を訴えたかった」

この時、ゲルギエフは六三歳になったばかり。砂漠の暑さは私もイランで体験したことがあるが、もし私がゲルギエフの立場だったら遠慮したいイベントだ。ゲルギエフや演奏家だけではない。一行にはロシア文化のもうひとつの殿堂、サンクトペテルブルクのエルミタージュ美術館のピオトロフスキー館長も一緒だった。館長はゲルギエフより九歳年上だ。

欧米のメディアはこのコンサートを「ロシアがイスラム過激派との戦いで勝利したことを世界に宣伝するためだった」と伝えた。それは事実だろう。ロシアがメディア関係者などのためにラタキアからバスを仕立て、前後を装甲車が護衛して六時間もかけて会場に連れてきたことからもわかることだ。

しかし、私はゲルギエフの冒険的な演奏会をロシアの宣伝との視点だけで見てはならないと思う。その根拠となるのは次のエピソードだ。

二〇〇六年七月、サンクトペテルブルクでロシアで初めての先進国首脳会議が開かれ、この機会に参加各国の首脳がマリインスキー劇場でバレエを鑑賞した。この時ゲルギエフはアメリカのブッシュ大統領と話し合った。ブッシュ大統領は各国首脳の中でバレエ鑑賞には乗り気ではなかったと伝えられていたが、結果としてはブッシュ大統領も上機嫌で、見送りのゲルギエフと劇場の外で車に乗り込む前も話をした。ゲルギエフは「後から大統領の安全への配慮が欠けていたと注意された」と言っていたが、私がゲルギエフのブッシュ評として強烈な印象を受けたのは次の一言だ。

「ブッシュ大統領がもし人類の歴史の中でチグリス・ユーフラテス文明の果たした役割を少しでも理解していたら、イラクに兵を派遣することはなかっただろう」。

それ以上は言わなかったが、彼の心の内は想像できる。二〇〇三年三月、ドイツ・シュレーダー首相、フランス・シラク大統領、ロシア・プーチン大統領が猛反対する中でブッシュ大統領が始めたイラク侵攻がどれだけ今日の中東混乱の元になっているか。ゲルギエフが砂漠で防弾チョッキをつけて仲間とともに演奏したのは、ロシアの政治的な宣伝だけではないだろう。

彼がひと月前、私たちに詳しい説明をしなかったのは安全を考えれば当然だが、「まあ見ていてくれ」とだけ言った裏には、文化の力に対する強い信念があったのだと思う。

作曲者の意図を読むのが指揮者の仕事

音楽を聴くたびに指揮者の仕事とは実に不思議なものだと思う。演奏家によって音が変わるのはわかるが、同じオーケストラで同じ楽譜を演奏して、指揮者によってまったく別な音楽になるのはなんとも不思議だ。

札幌PMFにゲルギエフが加わって彼の仕事をとくと見る中で、「指揮者によって音が変わるのはなぜか」という答えを見つけようと企んだ。練習の現場にそばで立ち会って、じっくり観察ができるから、PMFは絶好のチャンスだ。ゲルギエフの指揮を受ける演奏家の話も聴くことができる。

二〇〇四年にゲルギエフが初めてPMFにやってきた時、ヴァイオリンのニコライ・ズナイダーをソリストとして連れてきた。その時のズナイダーのゲルギエフ評で一番記憶に残っている言葉は「ワレリーは魔法をかける」だった。

二〇〇六年にはギリシャ出身のヴァイオリニスト、レオニダス・カヴァコスを連れてきた。野性的な風貌だが彼の奏でる音は実に繊細で、彼が弾いたイザイの無伴奏ヴァイオリン・ソナ

ゲルギエフの自宅のリスニングルームで。2000年（提供／原田勲氏）

タ第四番は印象的だった。その彼もズナイダーとまったく同じことを言った。

ゲルギエフの〝魔法の力〟というのがどういうことなのか、若い音楽家の練習場で観察した。まずわかったのは指揮される人たちの姿勢だ。明らかにゲルギエフから学ぼうとしていて、その姿勢が彼に向ける視線や態度に現れる。ゲルギエフへの期待ということだろう。では、その人たちにゲルギエフはどう対応するか？

練習中に演奏を止める。その時に彼は練習を止めた原因をつくった演奏者に向かって、その演奏者が出した音をゲルギエフ自身の口から繰り返す。「♪タタタタ～ではないよ！　こうだよ！」と言って出すべき音を伝える。これを聴いて演奏者の顔つきがパッと変わる。私にもはっきりわかる変わりようで、納得した表情を見せて演奏する。ゲルギエフも指揮を続ける。そんなことが繰り返されてリハーサルが続く。

魔法にかけるというのはこういう具体的な指示があって、演奏家もその指示に納得して音を出すのだろう。演奏家たちがゲルギエフのそういう指摘を受けたいと期待していることが、彼に向ける目つきや態度に表れている。ゲルギエフが魔法をかけることができるのは、魔法にかかりたいという演奏家の気持があるからではないか？

演奏家が魔法をかけられるという話をゲルギエフと話したことがある。どうして指揮者によって音楽が変わるかという話だ。彼が言ったのは「指揮者の仕事はまず作曲者の意図を知ることだ」と、ショスタコヴィチを例にあげて次のような話をした。

「ショスタコヴィチは時代の動きを敏感に感じ取っていた。例えば彼の交響曲第四番は第八番のように整った曲ではなくカオスが多い。アーティストの直感としてものすごいカオスだ。なぜか彼は一九三四年、三五年が恐ろしい年になることを感じていた。三七年でも三八年でもなく三四年、三五年だ。瀕死の病人のような音だ。この曲には全体に強い緊張感がある。

優れた作曲家は腕の良い医者のようなものだ。患者が派手なネクタイを締めすばらしいスーツを着ていても、名医は患者の目、顔、皮膚や手を見て異常を知る。それと同じように偉大な作曲家は世界に目を注いで、遠からず何が起きるか直感的に感じるのだ。それはまるで地震を予知するヘビや、船の沈没を予知するネズミのようだ」

ロシアでは地震を予知するのはナマズではないらしい。いまから考えると、彼が指摘した三四年、三五年は、世界もロシアも混沌に向かう予兆のあった時期と言えるだろう。六月にはドイツでヒトラーが同志であった突撃隊ＳＡの幹部を次々銃殺し、その数は八〇名を超えた。血の粛清と呼ばれたこの大虐殺は、やがてヒトラーによるオーストリア併合へ、そしてその先の人類史上稀に見る悲劇へとつながって行く。

ロシアでも同じ年の暮に不吉な出来事が起こっている。独裁者スターリンの有力な後継者と見られていたキーロフ政治局員がサンクトペテルブルク（当時レニングラード）の執務室で暗殺された。この事件を契機に共産党内部の大粛清が始まった。そして、ロシアが第二次世界大戦に巻き込まれて行くのはご存じのとおりだ。

因みにマリインスキー劇場はキーロフ政治局員の暗殺後に彼を悼んでキーロフ劇場と名前を変えた。一七八三年に女帝エカチェリーナ二世によって創設されたときの名称は帝室オペラ・バレエ劇場、それから七三年後に時の皇帝アレクサンドル二世が皇后マリアの劇場という意味のマリインスキー劇場と改名した。この名称はロシア革命後も数年使われていたが、革命の首謀者レーニンが一九二四年に亡くなるとレニングラード劇場（レーニンの都市の劇場）に、そして共産主義ソ連の崩壊で元の名称に戻されたのはゲルギエフが芸術監督に就任して四年目の一九九二年だ。マリインスキーの劇場名はロシアの波乱の歴史を写し出している。

話を元に戻そう。ゲルギエフは、優れた作曲家には予知能力というか第六感というか不思議な感性が備わっていて、ショスタコヴィチの交響曲四番もその予知の力に突き動かされて作曲したものだと言う。そして、ゲルギエフがこの話の最後に言った言葉にいま驚いている。「僕はこのショスタコヴィチの第四番を日本で演奏したいと思っている。中国では八番を振りたい」。彼がそう言ったのは一六年も前のことだ。

その曲を二〇一九年の札幌PMFで取り上げて若い音楽家たちに教えるという。なぜこの時期にこの曲を選んだのか、いま世界で対立や争いが頻発している状況とあるいは関係があるのかもしれない。

ゲルギエフは、指揮者がまずやらなければならないことは作曲者の意図を理解することだと言う。札幌PMFには世界からオーディションに合格した若い音楽家たちが集まってくる。紛争地域からも、対立している国からも、豊かな国貧しい国、信条の違う国からも、若者たちが音楽に自分の将来をかけてやってくる。「音楽は人を結びつける」というゲルギエフが彼ら彼女らに、カオスの曲ショスタコヴィチの第四番をどう指導し、何を伝えようとするのだろうか。

第五章　ゲルギエフの世界

テロと地震の鎮魂のチャリティー

予想外のことにも狼狽えない強い性格が養われたのは、故郷オセチアの厳しい自然環境のおかげだと言うゲルギエフだが、二〇〇四年にその故郷で彼でも狼狽えて不思議ではないような悲劇が起こった。

北オセチア共和国第三の町ベスランで九月一日、初等中等学校入学式の朝、武装テロリストが学校を襲い、児童と親や先生一〇〇〇人あまりを講堂に押し込め人質にして立てこもった。テロリストは三〇人ほど、隣のチェチェン共和国のロシア連邦からの独立を要求した。話し合いが膠着して三日目、爆発音をきっかけにテロリストとロシアの特殊部隊との撃ち合いが始まり、悲惨な状況になった。犠牲になった児童と親に先生は四〇〇人にも上り、稀に見る悲惨なテロ事件となった。逃げ出すことができた子供たちは押し込められた講堂の中は文字どおりすし詰めで、三日間食べ物はおろか水一滴も与えられなかった恐怖を語った。

人口わずか三万五〇〇〇の町で一瞬にして四〇〇人もの市民が殺されてしまった。当時のザソーホフ大統領はソ連時代ゴルバチョフ政権下で共産党中央委員会の国際局長を務めたインテリで、ゲルギエフの強力な支援者でもあり、彼が故郷で凱旋公演をした時には空港まで出迎え、歓迎晩餐会にも出席して同郷のゲルギエフが国際的な人物になったことを喜んでいた。テロリスロはザソーホフ大統領との直接交渉を要求したが、彼はこれに応じず悲惨な結果につながった。

私はすぐにゲルギエフに電話を入れた。親類縁者には犠牲者はいなかったというが、さすがに落ち込んでいることは声の調子で感じられた。民族や宗教をめぐる争いの多いコーカサス地方で育ったゲルギエフが「戦争ではなく音楽を」と訴え続けていることは前にも書いたが、今度ばかりはゲルギエフの力の及ばない大規模テロに悔しい思いをしていることがひしひしと感じられた。彼は「すぐに故郷の人たちを慰め励ますことをやりたい」と言って電話を切った。

九月二一日、午後今度はゲルギエフから私に電話があった。ニューヨークからで、事件について長く語った。

「ベスランのテロは、入学式という晴れの日に子供を狙った卑劣な行為だが、僕は事件後サンクトペテルブルクやモスクワに行き、これが復讐の連鎖にならないよう訴えた。

テロリストの動機は単純ではない。ロシアの支配に対する恨みもあるが、麻薬取引や金も絡んでいる。ザソーホフ大統領が彼らの要求に応じて話し合いに出たら、彼らは即座に大統領を殺しただろう。彼らの狙いは騒ぎを大きくすることだからだ。そのことがわかっていて、プーチン大統領がザソーホフを止めたのだろう」

故郷の事情がよくわかり政権の中枢の情報にも通じているから、彼の説明には迫力がある。

「いまできることは犠牲者を悼んで関係者を励ますことだ。ニューヨークでもロンドン、パリでもチャリティーコンサートをやる。日本でもぜひ実現したい」

それを聞いて私も黙っていられるわけがない。

ゲルギエフは二〇〇四年一一月、サントリーホールの企画するウィーンフィル日本公演で訪日を予定していた。彼がウィーンフィルに対して格別の敬意と親愛の情を持っていることを知っているから、私は〝ドリームチームの日本公演だ〟と呼んだ。日本公演を機会に何かしてあげたい。

サントリーホールの皆さんも同じことを考えていた。「ウィーンフィルとのチャリティーコンサートを」というところでは意見が一致した。ゲルギエフも「ぜひ」と言う。

しかし問題はウィーンフィルだ。すでに日本公演中のスケジュールはびっしり決まっている。多少空いていそうな時間も、ウィーンフィルのメンバーはそれぞれ日本での行動の予定があって動きが取れない。

悩んでいると、サントリーホールの担当者の女性が名案を出した。「リハーサルの時間を本番のコンサートにしたらどうでしょうか」と言うのだ。「ゲルギエフとウィーンフィルなら、ちゃんとしたリハーサルをやらなくても本番直前だけの打ち合わせ練習で十分立派な演奏ができるから」とおっしゃる。

だが、ウィーンフィルがすんなり承諾するだろうか。彼女はウィーンフィルとの付き合いが深い。ゲルギエフは喜んでウィーンフィルの了解を取ると言う。互いに敬意を抱き合う者同士の話はすんなりと進んだ。急遽決まった昼の演奏会の演目は、言うまでもなくチャイコフスキーの名曲「悲愴」。

事はすんなり運んだが、ひとつ日本の税制上の問題が残った。チャリティーコンサートだから、サントリーホールも、ウィーンフィルも、もちろん指揮者も奉仕で、直接経費以外はすべてチャリティーに使えると考えていたのだが、日本の税制では、それでも興行税が課税されるのだという。それも半端な額ではない。

思案している時にまた彼女がすばらしい発見をした。サントリーホールの主催では課税されるが、外国公館が主催するのであれば税はかからないという。こんな時に役に立たなければどうする！　私はすぐにロシアのロシュコフ大使に会って事情を説明し、「このチャリティーコンサートをロシア大使館の主催にしていただけないか」とお願いした。ロシュコフ大使はそれまで七年間、駐日大使を務めた日本専門家のパノフ大使に代わって日本に着任したばかりだった。日本語には縁がないが、アフガニスタンやパキスタンで使われているパシュトゥー語の専門家でアフガニスタン駐在の経験もあり、テロの恐怖は身にしみている方だ。即座に「大使館主催」を了解してくれた。サントリーホールもゲルギエフも喜んでくれた。

万事順調と安心していた時にまた問題が起こった。公演をひと月後に控えた一〇月二三日、新潟を中心に大地震が起こった。死者六八人、負傷者は五〇〇〇人を超え、このニュースは世界に伝えられた。すぐにゲルギエフから連絡があった。「この時期に日本でやるコンサートをベスランの人たちだけのチャリティーにするわけにはいかない。収益の半分を中越にも届けたい」と言う。サントリーホールを初め〝主催者〟のロシア大使館にも異存はない。問題はチケット販売のお知らせが「ベスラン・チャリティー・コンサート」となっていたことだ。ゲルギエフは私に「ベスランと中越のふたつの悲劇のチャリティーであることを観客の皆さんに説明せよ」と言う。満席のホールにまず楽団員が着席する。続いてゲルギエフと私が舞台に向かい、ゲルギエフは指揮台に、私はコンサートマスターの脇に立って観客の皆さんに事情を説明した。

その中で「観客の皆さんのお金が全額ベスランと中越に届けられることになったのは、ロシア大使館の好意によるものだ」と伝え、大使に感謝するために一階中央付近に着席しているはずの大使に呼びかけた。ところが、私の呼びかけで大使が立ち上がったのは一番後ろの席だった。大使館にはサントリーホールから〝主催〟のお礼に大使館員やロシアの報道機関のために五〇枚の招待券が届けられていた。大使の席も指定されていた。不思議なことだったが、とにかく後方で立ち上がった大使にお礼を言い、客席から拍手が起こった。

私は終わりに「ベスランと中越の皆さんに哀悼の意を表すため、演奏が終わった後に拍手をせず、しばし黙祷してはどうか?」と提案し、皆さんからの拍手で了承していただいた。

後でわかったことだが、招待券を受け取った大使館は少しでも多くの義援金が出るよう必要最小限の数だけを残して返却し、大使の席も安いところに変えていた。「悲愴」の演奏がすばらしく感動的だった上に、そんな心配りが重なって忘れられないコンサートになった。

義援金は二〇〇〇万円を超えた。後日、ロシア大使館のガルージン公使がサントリーホールの担当者とともに新潟を訪れて義援金を手渡した。ガルージン公使は二〇一八年からロシア駐日大使になっている。

チャリティーコンサートと夜の本番のコンサートを終えて、ゲルギエフ・ウィーンフィルの日本公演締めくくりのレセプションがサントリー小ホールで行われた。身も心も温まる出来事の連続でいい気分でグラスを傾けている時、ウィーンフィルのヴァイオリニストで楽団長のＤｒ．ヘルスベルクから声をかけられた。「君は良い挨拶をしたね」とおっしゃる。「エッ?団長は日本語もわかるのですか?」と返す私に楽団長はこう言った。

「日本語はほとんどわからない。でも、われわれ演奏家は聴衆の反応ですべてを感じ取る。良い演奏だったのか、そうでもなかったのか。お客様が満足しているのか、いないのか。演奏後に受ける拍手で感じる。お客様は貴重な批評家なのだ」

サントリーホールは記録用にすべてを録画していて、私もＤＶＤをいただいた。天下のマエストロとウィーン・フィルの並ぶ舞台で、どが付く素人の私がしゃべっている。なんとも恥ずかしいというか誇らしいというか、不思議な気分になる記録だが、私の話の後の拍手は確かに強く長く続いているのが記録されている。

団長の話は私の音楽会での態度を一変させた。演奏の後、私はどんな演奏に対しても同じように拍手をしていた。それはたぶん日本の大多数の聴衆と同じように演奏家への配慮があったからだ。しかし、団長の話では舞台上の音楽家は聴衆の反応で学ぶと言うではないか。日本では出来の悪い演奏に対しても、良い演奏に対しても、さほど違わない拍手が送られるのが普通のように思う。できの悪い演奏にブーイングが起こると言うことはまずないし、型通りのアンコールを求める拍手が起こらないケースもあまり体験していない。

しかし団長の言葉を解釈すれば、演奏家は聴衆の反応で反省もし、勇気づけられもし、さらに大切なことは演奏をさらに磨き上げる刺激にもなるという。聴衆がより良い演奏を聴くためにも必要な作法ということだ。

ベスラン・中越チャリティーコンサートは、私の音楽会でのマナーまで一変させた記念碑とも言うべきコンサートだ。

笑顔の別れ

ゲルギエフの強力な支援者だったヴェネッツィア在住のチェスキーナ・ヨーコさんと付き合いができて、お金持ちの厄介なことも少し垣間見ることになった。お金目当てで接近してくる人間がとても多いのだ。彼女はその中から本当に音楽文化のためになる活動を見極め支援していたが、中には訳のわからない金の無心にわざわざ日本からヴェネッツィアまでやって来る人などもいて、面倒もあったということを面白おかしく話してくれた。

お金持ちは本当の友人を持つのは難しいのだろうと妙な同情も感じていたが、私自身がその〝無心男〟になってしまったのが、次のような事情だ。

冷戦が崩壊し、世界の人々が穏やかに暮らせる良い時代がやってくるという期待はすぐに裏切られ、各地に宗教や民族の争いが表面化してきた。世界情勢は、超大国の締め付けのタガが外れてしまったために大混乱となった。ことに中東地域でのイスラムと非イスラムの対立は、天然資源の奪い合いや部族間の対立の歴史を映して先鋭化し、世界を騒がせるようになった。

「冷戦時代の方がまだましだった」と指摘されるような、そんな期待外れの世の中になった頃、私は長かったロシア勤務を終えて帰国した。帰国してすぐに母校の東京外国語大学で、あるプロジェクトに関わることになった。

当時の東外大の学長はロシア文学者の亀山郁夫さんで、大学としても冷戦後の不安定な世界で何ができるかを考え、大学OBの経済界や教育関係者で構成する「大学協議会」にその考えを伝えて具体策を検討していた。協議会のメンバーには総合商社、銀行やメーカーなど有力企業の幹部が多く、海外の事情に詳しい方が多数を占めていた。

議論を重ねた結果出した結論は、主として中東など紛争の多い地域から留学生を招聘して日本の平和な社会を体験しながら学んでもらい、その体験を母国に帰って生かしてもらおうというプロジェクトだった。とても長い目で見なければならない企画だが、若者に影響を与えることが〝急がば回れ〟の教えどおり将来には良い結果を生むだろうと期待して私も賛成した。

留学生を招聘するための基金として五億円を目標額に決め募金を始めた。企業幹部のメンバーが精力的に動いたが、世はバブルがはじけて企業の財布の紐は固かった。締め切りを数か月後に控えた協議会では、目標額にまだ四〇〇〇万円足りないことが報告され、追い込みで何十万といった額を積み重ねて目標を達成しようということになった。

それまで私は募金の寄与に期待されるような立場ではなかったが、この話し合いを聞いて頭に浮かんだのがチェスキーナさんのことだった。彼女も若い時、イタリアの政府給付の留学生に選ばれて今日がある。お願いをしてみようかという考えは浮かんだが、金目当てに彼女に接近してくる人たちの話を聞いているから、私がこの話を持ち出せば私もそのひとりになり、いままでのまったく損得勘定なしのゲルギエフを交えた付き合いが終わってしまうのではないかと恐れた。しかし〝私利〟のためではないと自分に言い聞かせ、もし友情が壊れてもそれはその時だと腹をくくって、帝国ホテルのスイートで彼女に会った。

雑談の後「ところで……」と言い出すのには勇気がいった。これでわだかまりのない付き合いも終わりか、という不安を抱きながら大学のプランを説明した。「いくら足りないの?」というのが彼女の最初の反応だった。少し気が楽になって、四〇〇〇万円だと伝えた。チェスキーナさんの次の言葉に、私の気持ちは地獄から天国に昇った。

「全部出してあげるとは限らないわよ!」

一〇〇万でも二〇〇万でも良いという気持ちだった。金額よりも何よりも、お願いの趣旨を気持ちよく受け止めてもらえたことが私の気持ちを軽くした。数日後、大学の口座には一〇〇〇万円が振り込まれてきた。

亀山学長は驚き、お礼に伺いたいと言う。チェスキーナさんはこの反応があることを予想して、事前に私に「お金が届いても、お礼だ何だと騒がないで欲しい。静かに受け取って」と釘を刺していた。学長にはそのことを伝えたが、それでは済まないと慌てている。この寄付もあって目標額を達成し、大学は紛争地域からの留学生の招聘活動を始めた。その結果が出るのは何十年も先だろうが、チェスキーナさんの志はきっと生きるものと信じている。

亀山学長は大の音楽愛好家で自らチェリストでもあり、大学のオーケストラなどで演奏をしている。そのうえゲルギエフの信奉者でもあり、ゲルギエフについてアメリカの音楽評論家が書いた本も翻訳して出版している。Jhn Ardoin "Valery Gergiev and The Kiov : A Story of Survival"、邦題は「ゲルギエフとサンクトペテルブルグの奇蹟～マリインスキー劇場のサバイバルと挑戦～」（音楽之友社・二〇〇五年）だ。

亀山さんは日本にジャパン・アーツの肝いりで九六年に設立された「マリインスキー友の会」の初代会長も務め、会員から寄付を募って経済的に苦境にあったマリインスキー劇場のために日本製のフルート二本を送ったこともある。チェスキーナさんの支援とはまったく別の活動だったが、ゲルギエフをめぐる魅力の力が不思議な縁をつくり出した。

二〇一四年一〇月、チェスキーナさんが晴れやかに日本に帰国した。熊本県近代文化功労者の名誉を受けての故郷帰りだった。祝賀会は彼女の定宿の熊本城を見上げるホテルで賑やかに行われ、チェスキーナさんは至極元気で、明るい表情で地元の人たちや全国からお祝いに駆けつけた人たちのテーブルを回っていた。まさかこれが最後の故郷訪問とは思いもよらなかった。

祝い事はまだ続いた。ロシア政府から外国人に与えられる最高の栄誉「友好勲章」受章の発表があり、チェスキーナさんは一二月にモスクワのクレムリン宮殿で、プーチン大統領から感謝の言葉とともに勲章を手渡された。一九九四年にこの勲章が制定されて以来、日本人で受章したのはチェスキーナさんを含めて七人だが、大統領自身から勲章を受け取ったのは彼女だけだ。ゲルギエフの推薦による受章は別格の重みを持っていた。

一二月も押し詰まって、ゲルギエフはローマのサンタ・シチリア音楽堂でのマリインスキー・オーケストラの公演を控えていた。当然のことながらチェスキーナさんも一緒だ。演奏会の前から彼女は足の痛みを訴えて歩行が困難だったが、このコンサートを企画したのがローマの医師で、彼女は公演を終えて主催者の経営する病院に入院した。

診断の結果は癌とわかり、手術は後日行われることになった。ロシアに帰国していたゲルギエフはローマにとって返し、病院近くの木賃宿のようなホテルに泊まって手術の経過を見守ったが、一月一〇日チェスキーナさんはゲルギエフに看取られて帰らぬ人となった。

悲報はジャパン・アーツを通じて私にも届いたが、葬儀の場所がローマかミラノかヴェネツィアかわからないので出発は待ってほしいという。ジャパンアーツはずっとゲルギエフを担当していた芹澤桃子部長がイタリアに飛んだ。以下は芹澤部長から聞いた葬儀前後の様子だ。

ゲルギエフは自らローマの日本大使館、ロシア大使館をまわって葬儀の準備を進めた。葬儀場はコンサートの行われたサンタ・シチリア音楽堂の練習室が選ばれた。中央に棺、その脇には彼女の楽器ハープが置かれた。棺のチェスキーナさんはまるでまだ息をしているような様子だったというが、ゲルギエフは涙にくれ、彼女の死に顔を直視することができず、棺に近づくことさえできなかったと言う。

別れにはチェスキーナさんと親しかったミュンヘンフィルのコンサート・マスターとサンクトペテルブルクからマリインスキー劇場のハーピストが駆けつけ、ゲルギエフが別れの挨拶をした。出席できなかった私は芹澤部長に託して花輪を送った。写真を見ると練習室の葬儀会場は虚飾を好まず、ひたすら音楽のために尽くしてきたチェスキーナさんにふさわしい雰囲気が感じられる。

この年の八月五日、ゲルギエフの強い希望により日本でもサントリーホールでチェスキーナさんを偲ぶコンサートが開催された。彼女が東京藝大時代に属していた東京交響楽団がゲルギエフの指揮でチャイコフスキーの「悲愴」を演奏した。演奏の前にゲルギエフがチェスキーナさんとの友情を語り、「彼女の支援で今日のマリインスキーがある」と感謝の言葉で追

バイカル湖で散骨するゲルギエフ（2015年10月）

悼した。

二人を見てきた私は、チェスキーナさんが世界の音楽家や音楽団体を支援する中で「ゲルギエフは特別」というのが口癖で、支援者という枠を超えてゲルギエフの家族のひとりになっていたことを話し、ゲルギエフの悲しみも分かち合いながら演奏を聴こうと呼びかけた。

最前列でこの演奏を聴いた。ゲルギエフの指揮に応えたコンサート・ミストレスの大谷康子さんの迫力あるヴァイオリンの演奏、オーケストラのリードぶり、豊かな表情には圧倒された。ゲルギエフは演奏を終えても、両手を広げて止めたまま頭を垂れて動かない。客席も彼の気持ちに応えて拍手をせず静寂の中で追悼し、そして静かに解散した。会場正面に飾られたチェスキーナさんの写真が「やっぱりゲルギエフは特別！」と笑顔を見せていた。

一か月後、シベリアのバイカル湖で最後の別れが行われた。チェスキーナさんの遺書は当局の立会いのもとで開けられ、遺産の処理とともに遺骨の扱いの希望が明らかになった。バイカル湖での別れは彼女の遺志だった。小型船にゲルギエフとピアニストのマツーエフ、それに日本からジャパン・アーツの芹澤桃子さんが乗り込んだ。マツーエフはバイカル湖の町イルクーツクの出身だ。当日は快晴。写真を見ると天使の衣を連想させるような柔らかな筋雲が青空に美しい。ゲルギエフが船べりで骨壺を傾け、遺骨は透明度世界一の湖に静かに流れていった。

チェスキーナさんは消えたが、彼女を悼む行事はイギリス王室でも行われた。翌月一〇月、バッキンガム宮殿で追悼ディナーとゲルギエフ指揮のマリインスキー劇場オーケストラのコンサートをチャールズ皇太子が主催した。

金持ち故にチェスキーナさんは人間の不愉快な面も体験したろうが、彼女のお金は国を超え民族を超えて、地球の人々を結びつけるために効果的に使われたと思う。ゲルギエフとチェスキーナさんの縁は、「音楽は人を結びつける」というゲルギエフの口癖をそのまま体現している。

人の繋がりで知る文化の力

ゲルギエフに初対面で「政治や経済の混乱でダメになるものは文化とは言わない」と言われ、文化にそんな力があるものかと半信半疑でロシアの社会を見てきて、なるほどと感じてきたことはこれまでお伝えしてきた。ゲルギエフに会う二一年も前には私は〝文化の力〟という実感は持っていなかったが、ひとつの踊りで芸術に対する見方ががらりと変わるという体験をした。

一九七〇年、私は初めての海外勤務でモスクワに着任した。それまでロシアからメディアの特派員が伝えてくる情報が官報のように通りいっぺんで深みがなく、ロシアの実情を伝えているとはとても思えなかった。だから自分が特派員に決まった時には、もっとまともなことをやろうと意欲満々でモスクワに赴いた。

そんな意欲が通じるほど共産主義独裁の社会が生易しいものではないことはすぐにわかった。撮影にもインタビューにもすべて当局の許可が必要で、伝えたいことを電波に乗せることはまず不可能なシステムががっちりと出来上がっていた。意欲だけが先走り、フラストレーションが高まるばかりの時に、ふと気晴らしに劇場に行ってバレエでも見るかと思いついた。〝でも〟だから、なんとも罰当たりな考えだ。しかし本物の芸術には人を変える力がある。

その時、ボリショイ劇場で見たのがロシア自慢のバレリーナ、マイヤ・プリセツカヤの踊るサン＝サーンスの瀕死の白鳥だった。バレエというのは綺麗なお姫様と王子様の物語といった程度の認識で見たプリセツカヤの白鳥には、人の一生が凝縮しているような衝撃を受けた。熱狂的な客席の反応も、私のロシアに対する一面的な見方を変えた。日本が少しばかり経済力をつけてきた頃だった。そのため天狗になって、物質的に貧弱なロシアを、無意識のうちに上から見下ろすような態度を取っている自分に気がついた。

皮肉なことだが、その物質的な豊かさに欠けるモスクワの暮らしのおかげで、プリセツカヤと近くなる機会が何度かあった。ロシア・バレエの日本公演をプロモートしている興行主が彼女を連れて我が家にやってきた。

当時のモスクワには日本料理店など一軒もない。我が家に連れて来れば、曲がりなりにも日本風のものが食べられる。プリセツカヤが好きだったのは豆腐だ。豆腐といっても粉末からつくるインスタント食品で、〝豆腐のようなもの〟と言った方がふさわしい一品だったが、モスクワ暮らしでは貴重品だった。家内の用意するこの豆腐やワカメの酢物、ひじきと人参の煮付けに硬いロシアの牛肉の鉄板焼きなどを、美味しくて身体に良いといって旺盛に食べ、食べ終わるとさっさと帰ってしまった。

なんとも愛想のない女性だと思ったが、彼女の頭に中にあるのはすべて踊りのために役立つことだとわかって、食事だけを目当てにやってくる彼女を歓迎した。

彼女は芸術家に与えられる国家最高の人民芸術家の称号を持つ国の宝だった。モスクワを訪れた国賓は、ボリショイ劇場舞台脇の貴賓席で彼女の踊りを見るのが慣例になっていた。国の宝だから大切に待遇されるはずだが、共産党政権は裏では彼女に裏切られることを極度に警戒していた。

警戒する理由はいっぱいあった。ロシアで名を成したダンサーが外国公演に行く。そこで見る資本主義国の暮らしは物質的にも精神的にも豊かで自由だ。公演に対して支払われる高額のギャラも踊り手本人に渡るのはほんのわずかだ。そのことを知ってしまえば、亡命を考えるのは当たり前のことだろう。バルイシニコフやヌレーエフといったトップのダンサーが相次いでロシアを捨てたのにはそんな背景がある。

国の至宝であるプリセツカヤの行動に当局が神経質になるには、他にも十分な理由があった。彼女の父親はスターリン独裁のもとで反共産主義者という理由で銃殺され、夫をかばった母親も同じ罪状で一〇年以上も投獄されていた。娘が国を捨てるには充分説得力のある理由になる。

彼女がどうして不自由なロシアに留まったのかかねてから知りたいと思っていた。共産主義ソ連が崩壊して言論も自由になり、彼女が外国公演に出かけることも面倒ではなくなった。リトアニアに別荘を持ち、ドイツ、ミュンヘンにもアパートを構え、ジャーナリストとも自由に接触できる良い時代になった。ぜひとも彼女の本心を取材して記録しておきたいというかねてからの願望が実現できるのではないかと私は意気込んだ。

何回か接触して考えを伝えた。しかし彼女の答えはいつも「ニェット！」だった。理由ははっきりしていた。「私についてのテレビ番組や映画はいっぱいある。しかし、ひとつとして私が満足できるものはない。テレビはもうこりごりだ」と言う。

妥協できない性格だ。私はテレビ・ドキュメンタリーの取材で断られ続けたが、ペンで同じ目に遭った人もいる。彼女の自伝を彼女から話を聞いて代筆で書こうと企画した人物がいた。いったんは彼女も承諾したが、彼女の話から文章が出来上がって行く過程で、彼女は人に任せては本心が伝わらないと判断する。

こうと決めたら行動は早い。彼女はこのゴーストライターを拒否し自分で本物の自伝を書き上げた。『私はマイヤ・プリセツカヤ』（一九九四年）で、一九九六年には『闘う白鳥』のタイトルで文藝春秋から邦訳が出版された。カバー写真は瀕死の白鳥を踊る彼女の白黒写真で、そこに彼女の端正なサインが入った本をいただいた。なんでも自分の気に入ることをする彼女の気質が溢れている著書だ。映像でその気持ちを残そうと言う私の提案にも、彼女は前のとおりの理由で断り続けたが、また人の繋がりが助け舟になった。

登場するのはチェリストのロストロポーヴィチだ。ロストロポーヴィチとの付き合いの話は前にも少し触れたが、型にとらわれない愉快な人物だった。共産党支配のロシアでの暗部を描いたソルジェニツインを擁護し、モスクワ郊外の自分の別荘に住まわせたことで当局に睨まれ、理不尽な体制側の行動を批判し続けたために国籍剥奪の迫害を受けながら、外国で活動を続けた。

ゴルバチョフの登場で、結局国が誤りを認め謝罪したため彼は再びロシアの英雄として国籍を回復し帰国した。迫害を受けて国籍まで剥奪された人物だから腹の座り様は見事だ。苦労をくぐり抜けて信念を守り通した人物には、たとえようもない魅力がある。サンクトペテルブルクだけでなく、パリやロンドンの彼の自宅にも行って番組をつくり、彼も日本の我が家にやってきて夜中まで話し込んだこともある。我が家にやってきた時、ホームシアターの大スクリーンで私がつくった彼のドキュメンタリーを見せたのだが、いたく気に入ってくれた。そのことがプリセツカヤの心を動かすことになった。

私がプリセツカヤから番組取材を断られ続けていた時、ロンドンでプリセツカヤ・シチェドリン夫妻がロストロポーヴィチと一緒になる機会があることを知った。バービカン・センターで夫君のシチェドリン作曲のチェロ協奏曲のコンサートだ。
良い予感がしてロンドンまで出かけた。バービカン・センターに潜り込んで客席中央でロストロポーヴィチのリハーサルを見守っていたプリセツカヤに声をかけ、客席の一番後ろに誘い、番組をつくろうと訴えた。リハーサル中だからもちろんひそひそ話だ。でも答えは変わらなかった。

リハーサルが終わってプリセツカヤ夫妻と一緒に舞台に上がりロストロポーヴィチに挨拶すると、「君たちは何を話していたのか？」と言う。舞台には聞こえないように話していたつもりだが音楽家の耳は鋭い。私は番組取材を断られ続けていることを手短に説明した。

彼の反応は早かった。「マイヤ、受けろ」。有無を言わせない調子だ。「こいつは面白い番組をつくる。俺の番組もつくった。受けてやれ」。プリセツカヤからはテレビや映画には満足したものがないといういつもの反論はなかった。すぐにピカデリーサーカスの日本食レストランに予約を入れた。四人で冷奴にあん肝、寿司にすき焼きで日本酒という奇妙な取り合わせのお昼になった。ロストロポーヴィチはあん肝に目がない。ロンドンでの食事がこんなに美味しかったことはない。

いったんOKとなると、ことは早い。これまで満足しなかったプリセツカヤを納得させる映像を撮らなければならない。ゲルギエフの故郷で取材した時に組んだカメラマンと助手、それにバレエに詳しいディレクターでチームをつくり、モスクワのボリショイ劇場、リトアニアの別荘、そしてミュンヘンで取材をした。

何と言っても巨匠ロストロポーヴィチのお墨付きがある。全面協力でよくしゃべり、夫君のシチェドリンも巻き込んで満足できる取材ができた。タイトルを「時を超え、国境を超えて　マイヤ・プリセツカヤ」としたこの一時間番組は、二〇〇〇年一月三〇日にNHKで放送された。

その時、ミュンヘンに滞在していたプリセツカヤに番組を収録したVHSカセットを送った。数日して彼女からファックスが送られてきた。大書されたロシア語でただ一言〝Шедевр《シェデーヴル》!〟（傑作！）と。いままで満足したものがないといっていた彼女のこの一言は、粘ってよかったという感慨とともに、心の通い合った付き合いがロシア社会でいかに大きな役割を果たすかを思い知った。

番組の中で、彼女は父親を銃殺され母親も投獄される過酷な環境の中でバレエの才能を必死に磨き、ロシアの至宝と言われるまでになりながら、資本主義国への亡命を恐れた政権は文字どおり二四時間監視をつけていたと話した。作曲家シチェドリンの曲を踊ったことから恋が生まれ結婚したが、新婚の夜にも監視がついていたと言う。「さすがにこの時にはマイヤは涙を流して悔しがった」とシチェドリンは語った。

思い出のボリショイ劇場で話を聞く中で、私がしつこく質問したのは「そんな状況でなぜロシアを離れる決断をしなかったか」ということだ。彼女は「ボリショイ劇場は私の劇場だ。他の国のどんな劇場で踊るよりもこの劇場で踊りたかった。劇場のステージの床まで私の踊りに合っている。亡命など考えもしなかった」と応えた。彼女にその気がなくても、秘密警察は露骨に三交代での監視をやめなかった。

彼女がもうひとつ亡命を考えなかった理由は、夫シチェドリンだった。有名な踊り手の亡命が続き、そのとばっちりで七年間ほどは外国公演が許されなかった期間があった。監視付きの外国公演ができるようになった時にも、シチェドリンの同行は許されなかった。夫を残して外国公演に出かける際、彼女を見送る秘密警察の監視人は「安心して行きなさい。ご主人の指がなくならないよう護ってやるから」と脅すのが毎回のことだったという。

だが、プリセツカヤは「共産主義はそんな否定的な面を持ってはいたが、一方で立派な劇場を維持し、芸術家を育てて発表に機会を与える素晴らしい面もあった」と肯定的な評価もしている。

ゲルギエフも同じように共産主義時代の否定的な面は批判しているが、こと芸術家の教育に関してはすばらしい伝統を持っていたことを評価している。クーデター騒ぎの際に亡命を誘われたのに対して、彼が「僕にはマリインスキー劇場がある。それに家族がいる」と言って取り合わなかったことは、プリセツカヤとまったく同じ思考と行動だ。

二〇一三年五月二日、ゲルギエフ六〇歳の誕生日に時を合わせたマリインスキー劇場新館のオープニングには、プーチン大統領が駆けつけお祝いのスピーチをした。その後、客席の中央に降りてシチェドリン・プリセツカヤ夫妻の横に座ってガラコンサートを楽しんだ。それはプーチン大統領とともに、この二人もメイン・ゲストだったことを意味している。ゲルギエフもプリセツカヤもロシア文化への自信と敬意を持っている同志だということだろう。

番組の取材で私を助けてくれたロストロポーヴィチも、国の敵として国籍を剥奪された体験を持ちながら、ゴルバチョフの謝罪を受けて一九九〇年祖国ロシアに帰ってきた。彼は二〇〇四年に亡くなってモスクワ郊外の墓地で、ゴルバチョフ夫人やエリツィン元大統領、それに文字どおり全国民的な人気者だったピエロのニクーリンなどのそばに眠っている。

もしロストロポーヴィチが生きていたら、マリインスキー劇場新館柿落としの時にプリセツカヤやプーチン大統領と並んで座席についていたことだろう。ロシアを見る時、文化が持つ影響力に思いを致さなければならないことを教えてくれる芸術家たちのエピソードだ。

厄介なチャイコフスキー国際コンクール

世界で三大音楽国際コンクールのひとつに挙げられているのが、ロシアで四年ごとに開催されるチャイコフスキー国際コンクールだ。一九五八年に第一回がモスクワで開催されて以来、二〇一九年六月のコンクールで一六回目になる。

ゲルギエフは二〇一一年の第一四回からコンクールの最高責任者である組織委員長を務めている。ゲルギエフ委員長が一六回目のコンクールからは新しく管楽器の分野を新設すると発表し、入賞者を札幌ＰＭＦ音楽祭に連れて来ると明らかにしたことはすでにお伝えした。チャイコフスキー・コンクールはロシアが音楽文化の力をいかに見ているかを知るのにまたとないイベントだ。

このコンクールの開催を決めたのはニキータ・フルシチョフ首相だ。炭鉱夫の出身で、言動は飾らず愛嬌のある丸顔で人に警戒心を抱かせない人物だったが、歴史に名を残す数々の出来事の仕掛け人でもある。

コンクールを開催する二年前の一九五六年共産党大会で四時間にわたる大演説を行い、三年前に亡くなった独裁者スターリンを批判した。独裁の恐怖から人々が少しホッとする気分になるきっかけの大パーフォーマンスだったが、続いて翌一九五七年一〇月には世界で初めて人工衛星の打ち上げを成功させ、そして次の年の一九五八年に第一回のチャイコフスキー国際コンクールを実現させた。

第一回のコンクールの記録映像には、音楽界の大パトロン、ベルギーのエリザベート王妃を初め世界の名だたる音楽家がモスクワに集まってきているのに驚く。ロシアの音楽家はいうまでもなく、ショスタコヴィチやリヒテルの顔も見える。世界中の耳目を集めたのはコンクールの結果だ。ピアノ部門で優勝したのはロシア人ではなく、アメリカのヴァン・クライバーンという若者だったことに世界は驚いた。クライバーンの凱旋帰国はアメリカの人々から熱狂的な歓迎を受け、彼は一躍売れっ子の演奏家になる。

後からわかることだが、ロシアの巨匠リヒテルはこの審査結果に反対していた。最終的には共産党指導部で会議を開き、最初の栄誉をアメリカ人のピアニストに授与することを決定したのだという。ただし、これを証拠立てる記録は見つかっていないが、リヒテルが次からは審査員にいっさい加わっていないことを考えると、やはりアメリカ人に優勝させるという政治的な配慮があったという噂はまったくのデタラメというわけではなかったのかもしれない。

もうひとつその推測を補強する材料は、翌一九五九年にフルシチョフがアメリカを訪問し、アイゼンハワー大統領と会談したほか一二日間にわたってアメリカ各地を訪れて市民と接触して文字どおり愛嬌を振りまき、アメリカの人たちの怖いロシアのイメージを変えたことだ。そんな深慮遠謀があってのコンクールだったかもしれないが、その発想の土台にあるのはロシアの音楽文化への誇りと自信だろう。まさに文化の力だ。ロシアを見る時、文化の力を考えないと全体が見えてこないという教訓でもある。

私はロシア駐在勤務中に一九八六年の第八回、九〇年の第九回、そして九四年の第一〇回のコンクールに付き合った。その中で毎回このコンクールは厄介なものだと痛感した。その理由は、この国際コンクールでは審査の会場に一般の人たちが入ることができることだ。

例えば、ヴァイオリンの審査会場はクレムリン宮殿のすぐそばにあるコンセルヴァトワールの大ホール。客席はバルコニーを合わせて一七〇〇席の広さで、審査員たちが客席の前三分の一のところに座り、残る席は一般の希望者に販売し、この人たちも審査員とまったく同じ条件でコンクールのすべてを体験することができる仕組みだ。

普通のコンサートは二時間くらいのもので、観客は自分で選んで聴くのだから楽しめるだろうが、コンクールの場合は好みに合う演奏者であろうとなかろうと延々と何時間もつきあわなければならない。音楽好きなどという生易しい音楽ファンが金を払ってやることではない。マニアと呼ぶにぴったりの人たちだけが来るところだろう。ところが驚いたことに毎回、毎日第一次、第二次と続く審査会場の一般客の席がいっぱいになるのだ。

このコンクールで審査員を経験した中村紘子さんは、背後で聞き耳を立てている人たちがいっぱいいる中で審査をするのは緊張してひどく疲れると言っていた。当然マニアックな一般客の拍手の質はプロの審査員に対する圧力のようなものだろう。厄介なコンクールだというのはそういうことだ。

一九九〇年のコンクールではロゴが変わった。メイン会場の音楽院の大ホール正面舞台上のパイプオルガン前に掲げられていたチャイコフスキーの肖像画は、シンプルなチャイコフスキーの座像を図案化したポスターになり、座像の下にPioneerの文字が入った。日本の音響機器メーカーがコンクールに金を出さなくなった国家に代わってスポンサーになったからだ。

共産党独裁政権が倒れる直前の経済的混乱はひどいもので、国民が自国の通貨を信用しなくなり、何をするにもドルが必要になるありさまだった。商店からは品物が消え、その様子が映像で世界中に伝えられ、憐れみと同情を受けていた。そんな混乱を漁業利権や北方領土交渉でロシアから譲歩を得るためのチャンスだと、政治家がロシア援助に活発に動いたのもこの時期だ。国際コンクールの費用をまともに負担することができなくなった国に代わって、外国の企業に援助を受けて開催された初めてのコンクールになった。

経済的には資本主義諸国から大きく立ち遅れていても文化に対する誇りは失っていないのではないかと心の隅で考えていたが、やはり金には敵わないのかとがっかりもした。ゲルギエフに会う二年前のことだ。コンクールのロゴに私企業の名前が入ったことを嘆き、コンクールが外国企業に買収されたと嘆くロシア人もいたけれども、その声は金の力の前にさして影響力も持たなかった。

そんな背景のコンクールだったが、ヴァイオリン部門で諏訪内晶子さんが審査員の圧倒的支持を得て優勝するという嬉しい結果になった。コンクール参加資格ギリギリの一八歳になったばかりの彼女には初めから期待があったわけではないが、審査が進むにつれて評価が高まり最終的には史上最年少で優勝した。かのうるさい一般の聴衆も、若いのに堂々とのびのび演奏する諏訪内さんに惜しみない拍手を送り、私も涙腺が緩むほど誇らしく感じたことだ。

次の九四年第一〇回はチャイコフスキー没後一〇〇年に当たる記念のコンクールだったが前回に続いてパイオニアの全面的な支援を受けていた。厄介なコンクールであることを具体的にいやというほど感じさせたのが次の話だ。

この年のヴァイオリン部門の参加者は四二人。第二次に進んだ者二一人、第三次の最終選まで残ったのは八人。ロシア、アメリカ、イスラエル、韓国などの若者に混じって日本の横山奈加子さんの名もあったが、初めから会場の注目を集めていたのがロシアのアナスタシア・チェボタリョーヴァとアメリカから参加したジェニファー・コーだった。

アナスタシアは大柄で舞台に映え技量も優れていたが、彼女がヴァイオリン部門のトレチャコフ審査委員長の弟子だとかで、彼女自身が「優勝するのは私だ」と友達などに話したことが広く伝わって話題になっていた。

しかし、選考が進む中で会場の三分の二を占める一般の人々の注目を集めていたのはジェニファー・コーだった。小柄で痩せていて子供の面影が残る女性だったが、演奏は力強くダイナミックで繊細で、彼女の演奏には拍手が鳴り止まない状況が続いた。新聞やテレビも彼女の情熱的な演奏に好意的な評価を伝えていた。七月一日、彼女が最終の演奏を終えた時には「ブラヴォー!」の声が湧き上がり大きな拍手がいつまでも続いた。

審査員の胸の内はわからないが、チャイコフスキー・コンクールの名物でもある音楽ファンの聴衆は、優勝者にロシア人で審査委員長の弟子ではなく、明らかにアメリカ人で韓国系の一七歳に軍配を挙げていた。その日の夕刻に審査結果が発表された。一位なし、二位をロシアのアナスタシアとアメリカのコーが分け合うという審判だった。

翌日のコンセルヴァトワール前は、早くから人が集まってきていた。穏やかな好天で、ホール前庭のチャイコフスキー像のまわりの白樺の緑が爽やかだった。だが、ホール内は明らかにざわついて穏やかな雰囲気ではなかった。ジェニファー・コー母娘は審査結果に不満で、前夜急遽モスクワを発って帰国し、入賞者のガラコンサートには出演しないことが伝えられていた。

プログラムはまずトレチャコフ審査委員長が結果発表と講評を行い、続いて入賞者が演奏する手順になっていた。トレチャコフ委員長がステージに現れると同時に会場から激しい足踏みとヤジが沸き起こった。委員長は会場が鎮まるのを待ったが騒ぎは止まらない。一分、二分、ブーイングの騒ぎは続く。委員長は何度もマイクに口を近づけ発言しようとするが、そのたびにブーイングは激しくなり、私には理解できないロシア語でのヤジが飛ぶ。結局、審査委員長は五分間、ステージの中央のマイクの前で立ち尽くしたまま一言も発することができず退場した。

トレチャコフ審査委員長は自身が第三回のチャイコフスキー・コンクールの優勝者でもあり世界各地で演奏するとともにモスクワ音楽院の教授もつとめ、人民芸術家の称号も持ち、私が取材した三回のコンクールで審査委員長だったが、このときを最後に委員長の座を降りた。

このブーイング騒ぎの後で、オーケストラ・メンバーと受賞者のアナスタシアが舞台に登場した。「パゾール！」（恥を知れ）という言葉が飛ぶ。事前に自分が優勝すると公言していたというのはかなり浸透していた話なのだろう。しかし客席は演奏者にはそれなりの敬意を払って演奏を待った。指揮者のタクトが振り下ろされる直前にまたホールに大きな声が響いた。

「一回だけだぞ！」。爆笑と拍手が収まって演奏が始まった。

ここまでは鮮明に覚えていて、当日のメモもあるが、演奏そのものはまったく記憶に残っていない。演奏の最中に私が考えていたのはロシア人と音楽だ。ロシア人は愛国心が強く、それがともすれば排他的な思考につながると一般的には思われている。しかし、この日のロシア人聴衆の反応はどうだ。聴衆が支持したのは韓国系のアメリカ人少女で、自信満々のロシア人ではない。チャイコフスキー・コンクールは厄介だという評判の意味もいろいろ考えさせられたし、ロシア人そのものの国民性や愛国心といったものも頭の中を駆け巡った。

ロシア人が自らを笑ってこんなことを話していたのを聞いたことがある。「人食い悪魔がアメリカ人、イギリス人、ロシア人を捕まえて密室に閉じ込めた。三人にそれぞれに大きな重い鉄のボールを二つ与え、これを使って驚かせて見せたら食わずにおくと伝えた。アメリカ人は手品をやった。悪魔は驚かずすぐに食べた。イギリス人は軽々お手玉をやって見せた。悪魔はまったく驚かず食べた。ロシア人は食べられなかった。ロシア人はひとつのボールを壊してしまい、もうひとつをどこかになくしてしまった。どうしてそうなったのか、ロシア人自身が理解できず悪魔が驚いたからだ」。

「ロシア人は自分で自分のことがわからない」と笑う小話だが、チャイコフスキー・コンクールの騒ぎは、確かにロシアの人たちを単純に決めつけて判断することが誤りであることを教えてくれる。そして、一番はっきりとわかるのは、ロシアにおける文化の持つ影響力の大きさだ。

チャイコフスキー国際コンクールの歴史と私自身が付き合った三回の出来事を振り返った時、いまこのコンクールを統括するのにゲルギエフほどふさわしい人間はいないだろう。

指揮者としての実力、音楽芸術にかける情熱、そして世界のために役に立とうする願望、いずれもコンクールの栄光を発展させるのに欠かせない資質だと思う。彼の指揮で若者が目を輝かせるように、コンクールを通じて世界からの参加者に魔法をかけてくれるだろうと楽しみだ。

コンクールと音楽祭に見る心

一九九四年のチャイコフスキー国際コンクールのヴァイオリン部門で、審査結果を客席からの激しいヤジとブーイングで発表もできなかったトレチャコフ審査委員長と「恥を知れ」とまで言われたアナスタシアの名誉のために、その後の二人の活動について書いておこう。この事件だけを聞けば二人は立ち直れないほどのダメージを受けたと思われるだろうが、それほどヤワではなかった。

アナスタシアは優勝すると周囲に漏らしていたのは単なる空威張りではなかった。やはり実力は備わっていて研鑽も怠っていなかった。トレチャコフだけではなく、コーガンなど歴史に残る優れたヴァイオリニストの教えを受けてモスクワ音楽院修士課程を終え、問題のコンクールから五年後にはモスクワ音楽院の助教授に就任した。世界各地で演奏活動も行って、日本ではその恵まれた容姿を生かしてテレビドラマに出演したこともある。国からは「功労芸術家」の称号を与えられている。

トレチャコフ審査委員長は、この回のコンクールを最後に委員長の座からは降りたが、世界各地での演奏活動には目を見張るものがある。演奏レパートリーが恐ろしく広い彼は、その後も世界の交響楽団から引っ張りだこで、ベルリン、ウィーン、ロンドンからアメリカ、日本を含めアジアなど世界の主要オーケストラで彼と共演しなかったものを見つけるのは困難なほど多くの共演をしている。その功績でプーチン大統領によって創設された「国家功労賞」の栄誉も受けている。

チャイコフスキー・コンクールで音楽にうるさい多くの観客が起こした騒ぎを考えると不思議な感じもしないでもないが、ひとつの騒ぎで才能を全面的に排除するほどロシアの音楽界は狭量ではないという証明だと思う。ロシア国内でも世界でも良いものは、一時の騒ぎを超えた影響力があることを物語っている。

ともかく厄介なチャイコフスキー国際コンクールの組織委員長を引き受けているゲルギエフが、二〇一九年二月末に第一六回の審査員を発表した。前年暮に彼が日本で会見し、管楽器を新しい部門に加えることを明らかにした際に「世界が納得でき信頼できる審査委員を選ぶ」と言った。なぜそんなことをわざわざ言うのかと不思議に思ったが、顔ぶれを見て、この発言は世界が納得するというところに力点があることがわかった。

ピアノ部門は審査委員長がデニス・マツーエフ。第一一回のチャイコフスキー・コンクールの優勝者でゲルギエフとの共演が多く、一緒にチェスキーナ・ヨーコさんが亡くなった時にバイカル湖に散骨した仲だ。ゲルギエフが国家的な行事の際に共演する常連がマツーエフだ。

二〇一八年のサッカーW杯ロシア大会のオープニングは、モスクワ中心の赤の広場に特設舞台をつくりゲルギエフ指揮、マリインスキー・オーケストラの演奏で盛り上げたが、ピアノはマツーエフ、そしてソプラノがネトレプコだった。国家的行事の時に共演する常連だ。〝国家的〟と言ったがロシア人だけではない。プラシド・ドミンゴも入っている。ドミンゴはマリインスキー劇場新館のオープニングでも歌っていて、国際的な顔ぶれで盛り上げる仲間だ。この顔ぶれが揃うのは国を挙げての行事なのだ。

ヴァイオリン部門の審査委員長はやや意外だ。ゲルギエフが依頼したのはスイスのスキーリゾートで開催されている「ヴェルビエ音楽祭」の創設者で総監督のマルタン・エンゲストローム女史。彼女自身はヴァイオリニストではない。

チェロ部門はチェリストでカーネギー・ホールの芸術監督のクライヴ・ギリンソン。声楽は元メトロポリタン歌劇場副総支配人のサラ・ビリンガスト、新設の管楽器部門では木管がロサンゼルス・フィルの首席フルート奏者デニス・ブリアコフ、金管が元ウィーンフィル首席トロンボーン奏者のイアン・バウスフィールドという顔ぶれだ。

各部門の審査委員長と審査委員の顔ぶれを見ていると、ゲルギエフの音楽の将来に対する哲学がはっきりと見えてくる。チャイコフスキー・コンクールは、その狙いで謳っているよ

PMFの記者懇談会で語るゲルギエフ。2018年11月30日帝国ホテルにて

うに若い才能を発掘し伸ばすことにある。審査委員長の人選には若い才能を見つけ、その若者たちに活動の舞台を用意するという配慮が込められている。

ヴァイオリン部門の委員長エンゲストローム女史は、ヴェルビエ音楽祭で若い才能の持ち主たちに出演の機会を与えることに熱心で、音楽文化の将来のために若い層を広げることに執念を燃やしているゲルギエフと志を同じくしている。コンクールで力を発揮すれば国際的な舞台での演奏が待っているとあれば、参加者には大きな励みになるだろう。ゲルギエフはすでに管楽器部門の優勝者を札幌ＰＭＦに招くことを明らかにしている。

もうひとつ見えてくるのは、審査をする人たちが世界で広く敬意を払われている力の持ち主だということだ。ロシアでの開催で優れた音楽家が溢れていることを考えれば、ロシア出身者が多くなると考えても不思議ではないが、審査委員は世界から選ばれていて、〝国際〟と銘打っているコンクールにふさわしい人選になっていると専門家は評価している。日本からはヴァイオリンの諏訪内晶子さん、チェロの堤剛さんが入っている。

このように世界に配慮をした顔ぶれにはなっているが、私はゲルギエフがロシアの威信をかけている気持がはっきり読み取れる人選だと思う。このコンクールが、ロシアの力を世界にアピールするためにフルシチョフ首相のもとで始まったことはすでにお伝えしたが、ゲルギエフの心にはロシアの文化を基盤にした威信の復活がある。

そのことは組織委員長にゲルギエフとともにプーチン大統領に信頼の厚い副首相のオリガ・ゴロジェッ女史が就任したことではっきりとわかる。ゴロジェッ副首相はモスクワ大学で経済学を学び、国の労働研究所に勤務した後ロシアの世界的な企業「ノリリスク・ニッケル」の部長やモスクワの副市長も歴任している。経歴から浮かび上がるのは、彼女が広くロシアを見ることができる人物ということだろう。そして、彼女がゲルギエフと共同組織委員長に就任したのは、国がコンクールの成功のために財政面でも支えるということの保証だ。

ゲルギエフが心置きなくコンクール本来の仕事に専念できる体制が出来上がった。ソ連の崩壊からしばらく国がコンクールに十分な支援もしなかった時期が続いたが、ゲルギエフのもとでロシアの文化に対する誇りと威信を世界に示す決意が表明されたものだと私は受け取っている。

審査委員の顔ぶれの中に札幌ＰＭＦに関係している音楽家が入っているのは、この音楽祭の存在感を高める嬉しい知らせだ。新設の木管の審査委員に入ったのはオーボエのダニエル・マツカワ。彼は長年ＰＭＦの主要な教授陣のひとりだ。審査の仕事は長丁場だ。ＰＭＦに影響が出るのではとの心配をしたが、ＰＭＦにとっても世界的な音楽コンクールの審査員が教授陣に入っていることは素晴らしい刺激になる。彼は日程の調整をしてＰＭＦでの活動を継続できることになり、札幌の関係者は喜んでいる。

二〇一九年が明けてＰＭＦの関係者を驚かせることが起った。ゲルギエフが二〇一九年のバイロイト音楽祭で指揮をすることがわかったからだ。バイロイト音楽祭には私はまだ一度も行ったことはないが、行って来た人の話を聞くと、イスラム教徒がメッカに巡礼するようなものではないかという連想さえ浮かぶ。その音楽ファンには「ホンモノ」という言葉を付けたくなる。

世界の主要オーケストラと共演し、各地でオペラも指揮をしているゲルギエフだが、バイロイトは初めてだ。以前、ゲルギエフは自分では指揮者として参加していなかったが、目をかけている歌手を主演歌手に推薦してバイロイト音楽祭に送り込んだことがあり、大騒ぎになったことがある。バリトンのエヴゲニー・ニキーチンがその歌手で、サンクトペテルブルク音楽院で学ぶうちゲルギエフに認められチャイコフスキー・コンクールでも入賞し、二三歳でマリインスキーの専属歌手になった異才。ゲルギエフの指導でレパートリーは広いが、ことにワーグナーを得意として日本でもファンが多い。

二メートルもある大男で、爽やかで話して楽しい人物だが、変わっているのは全身に刺青をしていること。二〇一二年のバイロイト音楽祭にゲルギエフの強い推薦を受けて、ロシア人初めての主役歌手として「さまよえるオランダ人」のタイトルロールを歌うことになっていたが、開幕直前になって刺青にナチス・ドイツのシンボル「ハーケンクロイツ」が入っていることが古い映像記録で見つかって大騒ぎになった。本人はこの刺青が北欧伝説に基づくものだと弁明したが、ただちに降板が決まった。ゲルギエフも打撃を受けた。

そんないわくのあるバイロイト音楽祭をゲルギエフが引き受けたのは、新しいことに貪欲な彼らしいことだと思う。引き受けたというより私はゲルギエフの方から積極的に売り込んだのではないかと思っている。その経緯は別として、私がまたかと心配するのはゲルギエフのスケジュールだ。バイロイト音楽祭は札幌ＰＭＦとも時期が重なる。チャイコフスキー国際コンクールも控えている。ＰＭＦ事務局に尋ねると、スケジュールの調整はなんとかできていると話しているが、予定どおりにいかないのがゲルギエフの行動の特徴だ。

音楽祭もコンクールも関係者が肝を冷やすような事態が起こるのは必至だが、ゲルギエフの新しいものに挑戦する姿勢と、国の威信と同時に音楽文化の国際性に貪欲に目を配る彼の心が見えてくるエピソードだ。

音楽文化芸術への自負

音楽祭や国際コンクール、それに国家的な行事の時の音楽の使い方などから、ロシアを見るのに人々の音楽に対する誇りと自負があることを理解しなければならないことは、私がこの本で伝えたいと考えたことだ。ロシア人のこの感情は国民に共通のものと言っていいと思うが、その発露の仕方はさまざまだ。同じ感情を持ちながら、まったく違った表現をするロシアの有名人がゲルギエフと映画監督のニキータ・ミハルコフだ。

ゲルギエフがまっすぐに、真正面からロシアの音楽文化の誇りを表現しているのに対して、ミハルコフはシニカルに笑いながら同じ志を作品として表現してロシアの人気者になっている。

ミハルコフは、ロシアのロマノフ王朝の血を引く名門文人家族の出だ。どのくらい名門かと言えば、共産主義ソ連の国歌もいまの国歌も、ニキータ・ミハルコフの父親で作家、歴史家のセルゲイ・ミハルコフが作詞している。共産主義賛歌の国歌と共産主義を放棄した新生ロシア国歌の歌詞をまったく同じ人物が作詞したのだ。

潔癖というか単純というか、とにかく大方の日本人には驚きで、共感も理解もできないだろう。しかし、その事実の根底にあるロシア人のメンタリティに思いをいたさずしてロシアを理解することはできない。

ソ連の国歌はこう歌い上げた。

♪レーニンの党――人民の力は
我々を共産主義の勝利へと導く
（中略）
不滅の共産主義の理想の勝利に
我らは国の未来を見る

プーチン大統領からの委嘱で、同じ作詞者の手で書かれた新生ロシア国歌の歌詞は、自由を謳歌し、「共産主義」は「神」に取って代わった。

♫南の海より極地の果てへと
広がりし、我らが森と草原よ

世界に唯一なる汝、真に唯一なる汝
神に守られた祖国の大地よ！

この変わり身の早さというか柔軟性には共感するのは難しいかもしれないが、考えてみれば日本でも軍国主義、国粋主義に固まっていた大多数の人たちが敗戦で、一夜にして民主主義、自由主義の信奉者に変わったことを考えると、それほど驚くことではないのかもしれない。

ゲルギエフのまっすぐな、誰からも尊敬を集めるような手法の人物と、時には世の中をバカにしたような手法で社会に影響を与えてきたミハルコフでは大きな違いがあるが、その二人が親友であり互いに敬意をもって認め合っている背景は何か、というのがこれからお伝えすることだ。

作家の父と詩人の母の間に生まれたミハルコフは、モスクワ芸術座や映画大学で演技の修行をして、俳優から映画監督になった。私が彼に興味を持ったのは、一九九四年に発表した作品「太陽に灼かれて」を観た時だ。カンヌの映画祭でも高い評価を受け、一九九五年にはアカデミー外国語映画賞を受賞して脚光を浴びた。映画はスターリン時代の圧政と男女の悲劇を描いた作品だが、彼自身と娘のナージャがおぞましい世界と未来への期待を表す重要な役割を果たしている。

この受賞作の後、彼が手掛けたのがまさに人を食ったような作品だった。「シベリアの理髪師」というタイトルからして、そのことが想像できる。舞台は帝政末期のロシア。一儲けを企んだアメリカ人がシベリアの森林を伐採する超大型のバリカン型伐採機を開発し、その資金調達のためにアメリカ人美女がロシアにやってきて大金持ちの将軍を口説こうとする。

その美女と将軍の部下のハンサムな若者が知り合って恋に落ちる。若者は彼女に言い寄る将軍に楯突いてシベリア送りになる。アメリカ人女性は失意のうちに帰国するが、おなかには彼の子供を身ごもっていた。

場面変わってアメリカの軍隊の訓練風景。生まれた子供は成長して軍隊に入っていた。母親の影響で音楽好きに育った息子は、野戦訓練のテントの枕元に一枚の写真を飾っていた。上官が咎める。

「この女は誰だ!?」

「Mozart, sir!」

「モーツアルト？　誰か知らんが女の写真はけしからん！　罰だ、走れ！」

上官の命令に若者は砂漠の訓練場を走らされる。

ロシアで空前のヒットをした作品だが、その内容はミハルコフ特有の皮肉がある。米ソの超大国支配の世界体制が崩れ、アメリカ一人勝ちの世界になった。ロシアは政治的にも経済的にも苦境に追い込まれ、世界から憐れみを受けるようなっていた。

ミハルコフ監督が「セビリア」をもじって「シベリア」にし、ハイライトの場面では、ロシアはアメリカが考えるほど単純ではない文化の力を持っているとのメッセージを込めている。「この女は誰だ⁉」と吠える上官に、ロシアの観客は爆笑する。ロシアでは空前の興行成績をあげた。しかしアメリカで一般公開しようとした時、この場面に配給会社が躊躇してしばらく上映が延びた経緯がある。

この映画が公開されて、私は彼の人物に興味を持った。会ってみなければならない。NHKは退職していたが、まだ部外解説員を務めていたこともあり、この映画監督に関するドキュメンタリー番組の提案をした。幸いすんなり企画が通ってロシアに出かけたのが、二〇〇一年の晩秋だ。

ミハルコフの事務所で長く話し込んだ。予想したとおり複雑な人物だった。事務所には黒澤明監督と彼の写真が一番目立つところに飾られていた。一九七五年公開の「デルス・ウザーラ」という作品で協力した時に撮ったものだと言う。

「超有名人だったのになぜ共産党員ではなかったのか?」という私の問いに彼は言う。「党員はエリートの資格だから当然党員に推挙されていた。だが共産党に縛られるのはいやだから、自分で自分を密告する手紙を書いた。『ミハルコフは女性にだらしがなく、酒好きの行状で共産党員にはふさわしくない』とね。共産党は党員にするかどうかをめぐっていろいろ調査をする。密告と調査が一致するものがあるから、党員にならずにすんだ」。

楽しそうに話してから、彼はこう付け加えた。「実際は共産党もこの経緯に気づいていたろうと思うがね。ワッハッハッハ」。

一九八〇年代に彼は「絆」という作品もつくっている。家族のつながりと戦場に行く若者を描いた映画だ。戦場がアフガニスタンだとは一言も言っていないが、当時ロシアがアフガニスタンへの軍事介入で難儀をしていることは国民も薄々知っていたから、若者の出征先がアフガニスタンであることは観客にはすぐわかる。若者たちはアフガニスタンのゲリラ戦がいかに悲惨であるか知らされていないから、出征はまるでお祭り気分だ。酒を飲み、浮かれて大騒ぎをして列車に乗り込む息子を、母親が懸命に追いかけて涙にくれる。家族の〝絆〟を描きながら、素直な目で見ると明らかに〝反戦映画〟だ。

ミハルコフ監督に「どうやってこの映画をつくることができたのか」と聞いた。

「この作品は検閲官との戦いだった。一七〇か所ほどのところに検閲が入った。検閲を避けるために知恵を絞った。例えば一番カットされては困る場面に、突然まったく関係のないウサギの姿を入れておく。検閲官は当然おかしいから切れと言う。これに対して僕は猛然と反論する。いろいろ理屈を並べ『このシーンは芸術家の良心だ、切るわけにはいかない』と抵抗する。『切れ!』『いやダメだ!』と押し問答を続ける。この問題に注意を向けることで、本当は切られてはならないシーンから検閲官の目が逸れて生き残るというわけだ。映画づくりには知恵と体力がいるよ。アハハハハ」。ロシアは単純ではない国だ。

次に、モスクワ西部の鬱蒼とした森の中の自宅を訪ねた。エリートが住む住宅地だ。映画づくりには体力がいるというが、彼の体力づくりは半端ではなかった。自宅の一角にトレーニングの機材を揃えたジムがあり、専任のトレーナーがついて体力づくりに励んでいた。激しいトレーニングで汗をかいた後、裸になって屋外のプールへ入る。雪が激しく降っていた。氷こそ張っていないが正真正銘の水のプールで泳ぐ。プールから出た身体からは湯気が上がっていた。ロシアでは寒中に湖や川の氷を割って泳ぐのが健康法のひとつになっている。

私がテニスをやっていると話したら、さっそくコートに誘われた。家の近くの屋内テニスコートだ。彼の鍛え抜いた身体からの強烈なサービスを受け損なって、私は腕を痛めてしまった。「シベリアの理髪師」の中では、ミハルコフ監督自身が皇帝を演じている。長身で鍛えられた体躯は、威風堂々の皇帝役にふさわしいが、映画づくりに体力がいるというのは別のことだと言う。監督が役者に望んだ通りの演技をしてもらうためには目の力が重要で、役者の目をじっと見つめて説得し役になりきってもらうのだという。目に力があるためには体力が重要だと。役者を動かすのには眼力が必要で、その力のためには体力が必要だという話など、初めて聞くことばかりだ。思い当たるのはロシアでは対話をするときに相手の目をじっと見つめるのが普通だ。日本風に言えば失礼にあたると思われるくらいに相手の目をしっかり見て話す。そんな習慣から生まれた手法なのかもしれない。

ゲルギエフが指揮をする時、目が鋭くなり、一流の演奏家がそれで魔法にかけられるという話は前にもお伝えしたが、親しい友人どうしの卓越した映画監督と指揮者が体力と眼力で共通のものを持っているのは単なる偶然ではないだろう。

ミハルコフは二日間にわたるインタビューの締めくくりで「僕は答よりも問題が好きだ」と言った。ゲルギエフは困難な課題を見つけてエネルギーを燃やす。いずれも体力が重要な役割を果たす手法だ。

ミハルコフ監督の表現の手法は、マエストロ・ゲルギエフのような〝直球〟ではないが、二人の心の底にあるのは文化に対する強烈な自負だ。二〇一四年のソチ冬季オリンピックで、アスリートに混じってこの二人が五輪旗を掲揚台まで運ぶ役割を果たした。スポーツを通じて世界が結びつく祭典の旗を掲げるのに、映画監督や指揮者が入るというところに、ロシアで文化芸術が社会に大きな影響力を持っている証がある。
二〇二〇年、東京オリンピックで五輪旗を運ぶのはどんな人たちになるのだろうか。

「さまよえるオランダ人」
2004年　7～8月札幌PMF音楽祭芸術監督
2004年　ウィーンフィルと来日、ベスラン・テロと中越地震のチャリティーコンサート（サントリーホール）
2005～2015年　ロンドン交響楽団第15代首席指揮者
2006年　1月マリインスキー・オペラ5度目の来日「リング」
2006年　5月2日マリインスキー劇場コンサートホール完成
2006年　7～8月札幌PMF音楽祭芸術監督
2007年　10～11月マリインスキー歌劇場管弦楽団日本公演
2008年　1～2月マリインスキーオペラ6度目の日本公演「ホヴァンシチナ」「イーゴリ公」「三つのオレンジへの恋」「ランスへの旅」。小林和男のプーシキン勲章授章式に参列（ロシア大使館）
2010年　マリインスキー劇場管弦楽団拠点コンサートホール完成
2010年　11月ロンドン交響楽団日本公演
2011年　2月マリインスキー・オペラ7度目来日「影のない女」「トゥーランドット」「トロイアの人々」
2011年　チャイコフスキー国際コンクールの組織委員長就任
2012年　2月29日「復興音楽祭」～東日本大震災復興支援～チャリティコンサート（東京交響楽団）
2013年　5月2日マリインスキー 劇場新館柿落とし。ゲルギエフ60歳。プーチン大統領が2日間に亘る行事に参加
2014年　10月マリインスキー歌劇場管弦楽団日本公演
2015年～　ミュンヘン・フィルハーモニー管弦楽団首席指揮者
2015年　1月支援者チェスキーナ・ヨーコ、マリインスキー劇場オーケストラ公演中のローマで急死。ゲルギエフの取り仕切りでローマにて葬儀
2015～20年　札幌ＰＭＦ音楽祭芸術監督
2015年　8月支援者チェスキーナ・ヨーコ追悼公演（東京交響楽団・サントリーホール）
2015年　10月ゲルギエフ、チェスキーナの遺骨をバイカル湖に散骨
2015年　12月バッキンガム宮殿でチャールズ皇太子主催のチェスキーナ追悼マリインスキー劇場オーケストラのディナーコンサート
2016年　1月極東ウラジオストクにマリインスキー劇場沿海州劇場がオープン、マリインスキーのアーティストが常時出演
2016年　5月シリアのパルミラ遺跡でマリインスキー劇場オーケストラの公演、エルミタージュ美術館のピオトロフスキー館長も同行。プーチン大統領が賞賛の衛星中継メッセージ
2016年　10月マリインスキー・オペラ8度目の来日、「ドン・カルロ」「エフゲニー・オネーギン」
2018年　7～8月ＰＭＦ札幌の新オペラ劇場（市民文化劇場）視察
2018年　11月チャイコフスキー国際コンクールに管楽器部門新設発表。札幌の新劇場で2020年に「ドン・ジョヴァンニ」公演発表
2019年　7月バイロイト音楽祭オープニング「タンホイザー」指揮予定

ゲルギエフとマリインスキー劇場の活動の詳細は以下のサイトで知ることができます。http://www.mariinsky.today/

ワレリー・A・ゲルギエフ略年譜

1953年　5月2日モスクワ生れ。すぐに父母の故郷オセチアへ転居。民族楽器バイヤンを奏でる母の影響で音楽が体に染み込む（ゲルギエフの表現）。母親の奨めで地元の音楽学校に補欠入学。ピアノ教師と出会って才能を伸ばす。

1972～77年　名門レニングラード音楽院でピアノ、指揮を学ぶ。指揮の指導はイリヤ・ムーシン教授

1977年　全ソ指揮者コンクールで優勝。同年カラヤン国際指揮者コンクールで最優秀賞（1位なし2位）

1978年　キーロフ（現マリインスキー）劇場副指揮者。初指揮はプロコフィエフの「戦争と平和」

1981～85年　アルメニア・フィル首席指揮者

1984年　日ソ音楽家協会の招きでソ連作曲家同盟フレンニコフ議長と初来日。日本のプロモーターに指揮の機会を作ってくれるよう強く要請

1986年　来日キーロフ・バレエ「検察官」を指揮

1988年　マリインスキー（当時キーロフ）劇場団員の選挙で芸術監督に就任。劇場の改革に着手、団員に賛否を問う。公演の実績で劇場が団結し外国への売り込みを開始

1989年　日本フィルとの日本公演を劇場改革の重責を理由に直前キャンセル、日本で激しい批判と反発

1991年　ミュンヘンでバイエルン国立オペラを指揮「ボリス・ゴドノフ」、西欧歌劇団の初指揮

1991年　サンフランシスコ・オペラで「戦争と平和」を振って全米デビュー。全世界からの公演依頼が激増

1993年　マリインスキー（当時キーロフ）オペラ初来日公演「ボリス・ゴドノフ」「スペードの女王」「炎の天使」

1994年　NYメトロポリタン・オペラデビュー。ドミンゴ主演の「オテロ」。以来ドミンゴとは深い付き合い

1995～2008年　ロッテルダム・フィル首席指揮者

1996年　マリインスキー劇場総裁に就任。ミラノ・スカラ座デビュー「賭博師」

1996年　7月NHK交響楽団指揮

1996年　10月マリインスキー劇場オーケストラ上海・北京公演。オセチアで凱旋公演。NHKドキュメンタリー「戦争ではなく音楽を～ゲルギエフ故郷で語る～」取材放送

1996年　11月マリインスキー・オペラ2回目の来日、「カルメン」「オテロ」「ムツェンスク郡のマクベス夫人」「カテリーナ・イズマイロワ」。「サロメ」を日本フィルと演奏会形式で公演、大成功で7年前のドタキャンによるわだかまりが氷解

1997年～2008年　NYメトロポリタン歌劇場首席客員指揮者

1997年　96年故郷オセチア凱旋公演で知り合った音楽学生ナターシャと結婚、ウラジカフカースで披露宴。富豪の支援者チェスキーナ・ヨーコが出席

1998年　ザルツブルグ音楽祭オープニングでウィーン・フィルを指揮

2000年　1月マリインスキー・オペラ3回目の来日。「運命の力」「スペードの女王」

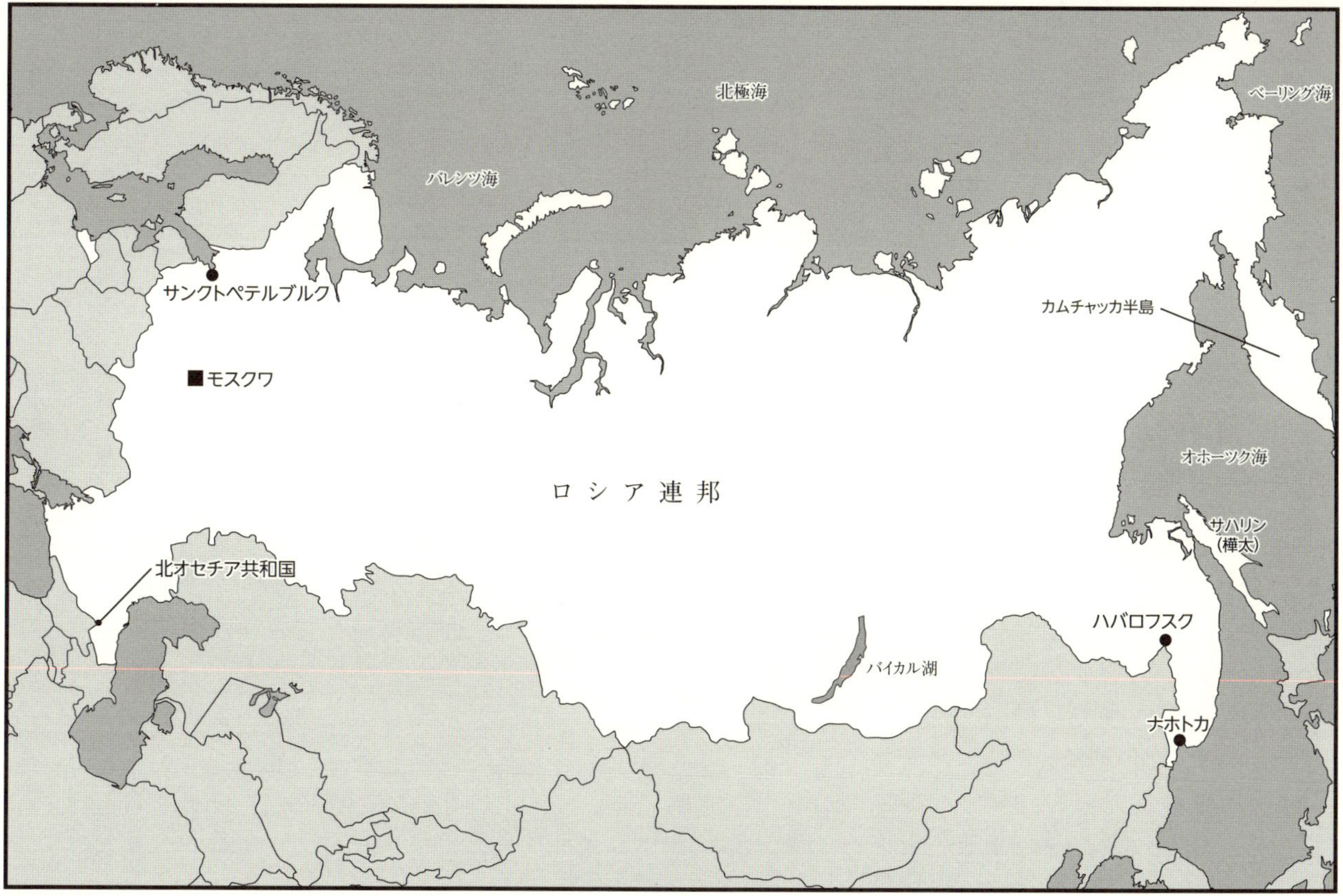
北極海
ベーリング海
バレンツ海
サンクトペテルブルク
カムチャッカ半島
モスクワ
オホーツク海
ロシア連邦
サハリン
(樺太)
北オセチア共和国
ハバロフスク
バイカル湖
ナホトカ

あとがき

　中学時代に大学を出たばかりの担任の先生からおだてられ、その気になって外国特派員を志してロシアとの付き合いが始まった。志したといってもロシア語を勉強しようと考えたのは、たまたま大学受験の志望先を考えていた時にロシアが世界で初めての人工衛星を打ち上げて世界中を驚かせたというのがきっかけだから、相当にいい加減な選択であったことは今でも自覚している。しかしその望みが不思議にうまく繋がって、結局人生の大事な時をロシアに関わって生きてきた。結果としてはとても面白い道だった。

　面白かった理由は何と言っても人だ。多くの人たちはロシアの人たちを融通がきかず、つまらないと見ているのではないかと思う。最近のロシアについての報道をみているとそう受け取ってしまっても仕方がないと思う。しかし実際にロシアの人々と付き合いを重ねてみると、彼らは表向きの顔と違って融通無碍で予測できない面白い人たちだ。単純ではなく奥が深いとも言えるし、訳が分からない人たちだということも出来る。どのくらい訳が分からないかと言えば、ロシアの人たち自身が自分をよく分からないと言うくらいだ。

そんな人たちだから付き合いをしていて酷い目にあったこともある。例えば国営放送のキャスターで国会議員でもあった人物に、貴重な番組を善意で渡したところパクられてしまったこともある。しかしそれはごく例外的なケースでこちらが信頼して心を開いて付き合えば、相手はそれ以上に応えてくれる。そんな付き合いがロシアをテーマに働く面白さだった。

付き合いと言ったが、その対象になったのはいろいろな層の人たちに広がっている。仕事から日常生活での知り合いから権力者まで幅が広い。ゴルバチョフ大統領には何回も会いかなり率直な対話を交わしたが、大統領の座を降りた後の最初のインタビューでは最後に、「これで借りを返したな」と言われてびっくりした。ゴルバチョフが改革を掲げて登場し積極的に記者会見などに応じるようになったが、共産党幹部でもあるロシアの有名な記者たちの質問は、一見批判的に思える質問でも、結局は指導者におもねるようなものになってしまうのは仕方がないことだった。ゴルバチョフが改革の真意を国民に広く知らせるには、私たち資本主義国からの権力におもねない、いわば意地悪な質問が必要だった。そのために下手なロシア語での私の質問も利用したということだ。借りとはそのことを指している。

プーチン大統領が誕生し、ロシアが急激に自信を取り戻しはじめて注目されるようになったが、彼が諜報機関の出身であるところから西欧諸国の報道は警戒心が表に出て大統領に否定的なものが大部分だった。彼が政治の舞台に登場した時には私はもうロシアを離れていたから直接話を聞く機会はなかった。しかし大統領に関する報道はあまりにも一面的で断定的だ。ロシア人は複雑だと言う私の長年の体験から、ぜひ自分で直に会わなければならないと思った。

とは言え相手は大統領。今まで何の接点もない。会いたいと言っても簡単ではない。ロシアは官僚的な発想では不可能なことも可能になる国であることは長年のロシア暮らしで分かっている。やってみる価値はある。結果を言えばそれまで付き合ってきた大使やジャーナリストたちが助けてくれて大統領公邸での二人だけの話し合いが実現した。二〇〇三年五月二六日のことだ。

話は弾んで予定の一時間を大きく超えて公邸敷地内の柔道場まで見せてもらうことになった結果、初公式訪問の中国の胡錦濤総書記を待たせることになってしまった。プーチン大統領が遅刻の常習者であることは知られているが、私のこの体験から、プーチン大統領が日本の首相などを長く待たせたと言うような報道があると、遅刻の元になったのは何だっただろうと推測して楽しんでいる。

人の魅力に惹かれた結果として、私が作った番組は人物をテーマにしたものがほとんどだ。政治家もいればバレリーナもいる。映画人からジャーナリスト、中には棒高跳びの世界記録保持者だったスポーツマンいる。

出版でもほとんどが人物をテーマにしている。日本エッセイスト・クラブ賞をいただいた「エルミタージュの緞帳～モスクワ特派員物語～」も、「1プードの塩～ロシアで出会った人々～」も主なテーマになっているのはロシアの人たちとの付き合いの結果だ。

大統領から市井の人たちまでロシアで本当に沢山の人たちと知り合い、豊かなジャーナリスト人生だった思うが、中でも本書の主人公である指揮者ワレリー・ゲルギエフと不思議な出会いをして四半世紀、彼の活動とロシアの人々が共産主義政権の崩壊の混乱から立ち直る様子を見るのは感動的なことだった。

その人物との付き合いを具体的にお伝えし、ロシアの力が決して軍事力や資源だけではなく、文化への自信と信頼に根ざした人間にあることを知っていただきたいとの思いを込めて書いたのが本書だ。

出版を引き受けてくださった　かまくら春秋社の伊藤玄二郎代表は出版だけでなく広く文化教育活動に熱心で、ロシアで天台宗声明公演を実現された時には一緒にロシアに伺いお手伝いをしました。文化の力を理解しておられ、本書の出版にも心のこもった助言をいただいた。編集スタッフは私が気づかない細部の問題まで丁寧に指摘してくださり、本書の出版は皆さんの共同作業で出来上がったもので、心から感謝申し上げる。

音楽家が主人公ですが私は音楽好きではあっても専門家ではありません。音楽についての記述が誤りないように音楽関係者に助けていただいた。お一人お一人お名前は挙げられませんが、私の意図を汲んで助言くださった方々にお礼を申し上げる。

執筆の過程で家族の意見は率直で辛辣で参考になった。最後に家族の関わりに触れたことをご容赦いただきたい。

小林和男

二〇一九年五月

あとがきのあとがき

初版から五ヶ月後モスクワのＡＳＴ出版社からロシア語訳を出したいと連絡があった。出版社に拙著を紹介したのはモスクワ支局長時代に私の右腕だったアンナさんだった。出版社は彼女の説明を聞きすぐに出版を決めた。かまくら春秋社も賛成し具体的な交渉に入ったが手続きは法律上の権利義務関係のクリアなど複雑で、話を進めているうちにコロナ騒ぎになり、出版社の人たちも何ヶ月も出社できない状況が続いた。だが出版社の人たちの働きに驚いた。自宅からメールで次々に手続きを進め、私がモスクワにいた頃の働き方はどこにもなかった。出版社同士の権利義務関係のクリアから、私が日本で納税している市民であることの証明、出版物がネットでサービスされる場合の権利義務関係など、細かなやりとりが続いて二〇二〇年九月に契約が成立した。その記録はロシアの変わり様の証拠品だ。契約成立時には翻訳がほぼ終っていた。出版社は毎年暮にモスクワで開催される国際ノンフィクション・ブックフェアに出展するつもりで、交渉中に翻訳も進めていた。訳者は村上春樹や宮沢賢治などを手掛けてきた日本文学翻訳の第一人者リャーボワさん。十年前に私がサンクトペテルブルク大学で講演したときに難しい質問をした方だとわかった。その彼女が「面白いヮ！」と評価してくれた。

出版社はゲルギエフに序文を依頼していた。しかし彼の活動は超人的に過密だ。出版社が諦めかけた締め切りギリギリに届いたのが冒頭の序文。ゲラに目を通した上で書かれたものであることが分かり、手を抜かないマエストロの心が伝わってくる。序文でマエストロは「文化が人をまとめる力を持っている」と言っている。この信条こそ彼が共産主義政権崩壊で大混乱の国で実践しその力を実証したものだ。ロシア語版出版直後SNSで「日本人が長年取材をして出版しているのに、ロシアのジャーナリストは何をしているのだ」との反響が飛び交った。私は嬉しかったがこの二十五年間ロシアの変貌の目まぐるしさで、ジャーナリストが一指揮者を追い続けることは難しかったろう。ロシアの仲間に代わって私が弁明しておきたい。

ロシア語版出版に快く同意して下さったかまくら春秋社の伊藤玄二郎代表は十数年前天台声明の僧侶を伴ってサンクトペテルブルクのユスーポフ宮殿ホールで公演をした。江戸末期大黒屋光太夫がロシアの文化に触れた宮殿のホールがその会場でロシアの観客に強い印象を与えた。文化が人を結びつけると言う信念が国を超え時代を超えて実現したのが拙著のロシア語版だと言って良いと思う。出版のために労を惜しまれなかった伊藤代表と田中愛子さんに心から感謝申し上げます。

二〇二一年一〇月

小林和男

小林和男（こばやし・かずお）

1940年長野県生まれ。東京外語大ロシア語科卒業ＮＨＫ入局。70年から95年までの間にモスクワ、ウィーン駐在は14年間。ソ連崩壊の報道で菊池寛賞、ソ連・ロシアの客観報道でモスクワジャーナリスト同盟賞。ロシア文化への貢献でロシア政府プーシキン勲章。

ＮＨＫ解説主幹、作新学院大学教授を経てフリージャーナリスト。サイトウ・キネン財団評議員、日本民間外交推進協会専門委員、日墺協会理事。著書に『エルミタージュの緞帳』（日本エッセイスト・クラブ賞）、『1プードの塩』『狐と狸と大統領』（以上ＮＨＫ出版）『白兎で知るロシア』（かまくら春秋社）。プーチン大統領とのロングインタビューを基にした『プーチンと柔道の心』（共編著・朝日新聞出版）等。

希望を振る指揮者
ゲルギエフと波乱のロシア

著者　小林和男
発行者　伊藤玄二郎
発行所　かまくら春秋社
鎌倉市小町二―一四―七
電話〇四六七(二五)二八六四
印刷所　ケイアール

令和元年　六月一五日　第一刷
令和三年一〇月二〇日　第二刷

ISBN978-4-7740-0782-3 C0095